浙江省"钱江人才"C类项目
"现代日语'女性标记词'语义内涵"研究成果
浙江省哲学社会科学规划课题
"日语'女性标记词'的语义与体系研究"(15NDJC225YB)成果

语 言
与
性 别

ことばとジェンダー

中村桃子 著　徐微洁 译

浙江工商大学出版社
ZHEJIANG GONGSHANG UNIVERSITY PRESS

图字：11-2017-353 号

图书在版编目(CIP)数据

　　语言与性别 /（日）中村桃子著；徐微洁译. —杭
州：浙江工商大学出版社，2017.12(2021.12 重印)
　　ISBN 978-7-5178-2549-4

　　Ⅰ . ①语… Ⅱ . ①中… ②徐… Ⅲ . ①性别差异－社
会语言学－研究 Ⅳ . ①H0－05

　　中国版本图书馆 CIP 数据核字(2017)第 313075 号

KOTOBA TO GENDER
by NAKAMURA Momoko
Copyright ©2001 NAKAMURA Momoko
All rights reserved.
Originally published in Japan by KEISO SHOBO PUBLISHING CO. ,LTD. ,Tokyo.
Chinese (in simplified character only) translation rights arranged with
KEISO SHOBO PUBLISHING CO. ,LTD. ,Japan
through THE SAKAI AGENCY and BARDON-CHINESE MEDIA AGENCY.

语言与性别

［日］中村桃子 著　　徐微洁 译

责任编辑	姚　媛	
封面设计	林朦朦	
责任印制	包建辉	
出版发行	浙江工商大学出版社	
	（杭州市教工路 198 号　邮政编码 310012）	
	（E-mail:zjgsupress@163.com）	
	（网址:http://www.zjgsupress.com）	
	电话:0571-88904980,88831806(传真)	
排　　版	杭州朝曦图文设计有限公司	
印　　刷	广东虎彩云印刷有限公司绍兴分公司	
开　　本	710mm×1000mm　1/16	
印　　张	11.25	
字　　数	196 千	
版 印 次	2017 年 12 月第 1 版　2021 年 12 月第 2 次印刷	
书　　号	ISBN 978-7-5178-2549-4	
定　　价	32.00 元	

作者序

此次，承蒙浙江师范大学徐微洁老师费心尽力，各位读者才得以用汉语阅读拙著《语言与性别》。对此，我感到非常高兴。有幸，本书在日本也已再版，读者众多。我希望，在汉语圈也有越来越多的读者对语言与性别的密切关系感兴趣。

《语言与性别》是 2001 年付梓出版的，书中只收集了 2001 年之前的研究。因此，在中译本的序言中，我想简单介绍一下本领域 2001 年之后的发展情况。各位读者在通读本书之后，如果能再阅读这篇序，势必会对本领域有更深的了解。

首先，本书强调以下四点，这四点现在在语言与性别研究领域也广为学者所接受。

1. 社会建构主义

社会认同的知识和各种身份并非事先存在的，而是历史、社会性建构的，在这个过程中语言发挥着重要作用。我们通过使用语言，表达不同场合中的多样身份。之前的语言与性别研究认为，说话者首先具有"女人味"或"男人气概"，说话者使用特定措辞是"因为是女人"或"因为是男人"。但是，如果基于社会建构主义的观点，那么就是说话者通过使用特定的措辞来表达各种"女人味"或"男人气概"。

2. 多样的性别身份

性别不仅因时代、社会、文化不同而各不相同，而且即便是同一时代的相同地区，也会由于人种、年龄、职业、性取向等因素错综复杂的影响而表现出多样的"女人味"和"男人气概"。性别学认为，"如果不考虑性别，就无法解释社会现象；如果仅用性别，也无法解释社会现象"。在思考语言与性别的问题时，不应基于男女两性一分为二地考虑"语言的性别差异"，而应考虑因各种因素而引发变化的"女人味"和"男人气概"。

3. 语言形式的含义

特定语言形式的作用并非事先决定的，而是由于使用情况的不同而彼此存在差异。被认为与"女人味"和"男人气概"相结合的人称代词〔"あたし（我，atasi，女性第一人称代词）"和"ぼく（我，boku，男性第一人称代词）"〕及文末助词〔"ワ（wa，女性文末助词）"和"ゼ（ze，男性文末助词）"〕等语言形式许多时候也发挥着与性别无关的作用。本书第五章提及的奥克斯认为，日语的文末助词"ワ（wa）"和"ゼ（ze）"直接标引"柔らかさ（柔和）"和"荒々しさ（粗暴）"这种社会含义（立场、言语行为、活动的种类等），以这些社会含义为媒介可以间接读取性别（Ochs，1992）。因此，要想确定语言形式的含义，有必要详细分析该语言形式的具体使用情况。

4. 意识形态的重要性

"意识形态"这个词语有各种意思，但在"语言与性别"中，我们只选取了"性别意识形态"与"语言意识形态"。前者是指在被广为认可的观念中与性别相关的"知识、常识"；我们将什么作为"理所当然"之事而不明言，以及以什么为前提解释对方的发言与之息息相关。后者是指，在大家广为认同的观点中与语言相关的内容，特别是与标准语和非标准语这种语言变异的形成与阶层化相关的内容。如同《语言与性别》中所阐述的，无论哪种意识形态，都在话语中被正当化，同时依据话语发生变化。

2001 年之后的语言与性别研究不仅反映了上述四大观点，还表现出以下五个特点。

1. 从"语言形式与身份"到"语体（style）与人物角色（persona）"

自古以来，人称代词与文末助词等语言形式被认为直接与身份相结合。但是，随着研究的进一步深入，人们发现说话者通过组合几种语言形式或利用语言之外的要素也能表达细微不同的身份。比如，根据埃克特的调查，在美国高中，特定的措辞和服装与同一所高中不同的团体相结合，而且这种结合的利用方式不同，男女同学的个人和场合都会不同（Eckert，2000）。此外，在中国北京，外企员工通过使用与国企员工不同的语音来建构不同的身份（Zhang，2005）。诸如此类，包含语言和其他非语言形式的集合与某个团体内特定的身份相结合时，这个集合被称作"语体（style）"（Coupland，2007）。使用特定语体来表达的身份有时被称作"人物角色（persona）"（Eckert，2012）。"人物角色"表示较为具体的人物，比如"女（女人）"这种宏观层面的范畴，"管理職（管理层）"等有着地域文化特征的角色，以及"聞き上手（善听）"这种在会话场合被短暂期待的角色等复数层面的范畴（Bucholtz et al.，2005）。说话者通过不同程度地利用语体和人物角色的结合，来调整彼此的关系。

2. 作为表演(performance)的语言使用

社会建构主义的归宿之一,即我们可以作为被社会分割之外的人物出现。在《语言与性别》有关性取向的章节中,我们提到了"被表演的身份"这个概念。语言是让这种行为成为可能的材料之一。但是,随着研究的进一步深入,我们发现无论男女,人们都不同程度地在各种场合表演着身份。表演的语言使用最极端的表现是说话者故意使用所属团体之外的说话方式,即"语言越境(crossing)"的情况(Pampton,1995)。比如,近年出现了年轻人使用与自身家庭出身无关的方言的现象,田中(2011)将这种现象称作"方言扮装(cosplay)"。明明并非京都人,因为京都方言给人"有女人味"的印象,而故意使用"おこしやす(欢迎光临)"等京都方言。希望他人觉得自己是"有意思的人"时,使用大阪方言。自古以来,方言会被该地区无关者用来作为表演自己的材料。这也是通过语言"表演身份"的例子之一。

另一方面,确定无疑的是,我们并非完全自由地使用语言,而是受到场合和角色的限制。这种限制中有敬语等被理解为礼仪和礼节的范畴。我们一边在限制和自由之间寻找平衡,一边使用着语言。对不同场合和角色说话方式的限制,有时会因性别不同而不同。比如,母亲和父亲被期待的角色不同,因此被允许的说话方式或被预想的说话方式也不同。即母亲和父亲的性别意识形态会影响说话方式的选择。

3. 从"措辞的性别差异"到"偏见、规范、评价的性别差异"

性别不过是各种身份的一个侧面而已,这个事实被接受后,再将被调查者分成男女,探究其语言性别差异的研究也就没有意义了。这是因为,如果人不是仅仅依据"女人味"或"男人气概"来使用语言,那么也就不可能只是为了表达"女人味"或"男人气概"来使用语言。不如说,性别差异的问题在于,"男女的说话方式是这样的"这种成见,"男女必须用这种说话方式"这种规范,以及"这种说话方式好/不好"这种对说话方式的评价。比如,对职场管理层的措辞研究表明,男女都会根据不同的场合来灵活使用所谓的"女性式"说话方式和"男性式"说话方式(Holmes,2014)。但是,采用"女性式"说话方式的女性管理层容易被认为"缺乏领导力",采用"男性式"说话方式的女性管理层被批判为"不像个女人"(Ladegaard,2011;Olsson et al.,2004)。这表明,要研究语言与性别,应该将偏见、规范和评价作为研究对象。对说话方式的偏见、规范和评价也可作为"语言意识形态"被研究。

4. 基于"语言意识形态"的语言文体的历史研究

《语言与性别》一书在第九章提及"语言意识形态",这个概念影响了之后的研究。

将在《语言与性别》中也被提及的特定团体的说话方式（方言或语体）视为"语言意识形态"，并探究其成立历史的研究。此前，一般认为仅仅因为特定团体使用特别的说话方式就自然而然地将其说话方式视为"○○弁（××话/方言）"或"○○ことば（××用语）"。但是，该背景里有着将该团体区别于其他团体的经济、政治因素，此外，接受这些经济、政治要求建构特定语体的是有识之士或媒体。比如，认知日语的"女ことば（女性用语）"的背后，就有着在明治时期之后即在近代国家形成过程中区分作为国民的女性和男性的必要性，以及昭和时期战争年代中将强制部分东亚人民使用日语正当化的目的。此外，顺守这种政治目的，国语学者的言论对"女ことば（女性用语）"的形成发挥了主要作用（Inoue，2006；中村，2007；Nakamura，2014）。女性的措辞一旦被概括为"女ことば（女性用语）"，那么偏见、规范、评价也就变本加厉了。Agha（2003）使用指代与场合、团体相结合的说话方式，即使用"语域（register）"这个术语，并将这个过程称为"语域化（enregisterment）"。

5. 基于"语言意识形态"的媒体语言研究

媒体的语言使用研究。我们之前列举的内容——无论何种相互行为都有"表演"的侧面，它使我们再次探讨对于语言研究来说什么是贴切的数据这个问题。之前的社会语言学认为，面对面进行的"自然的"会话是最贴切的数据。这个前提存在以下观点——用被调查者视作不自然的会话无法获取"真正（authentic）"的数据。在这个框架下，人们开始讨论如何减少调查者的介入，剧作家、制作人和赞助商介入的媒体会话就未曾作为数据被采集过。但是，如果无论怎样的语言行为，都会不同程度地存在"表演"的侧面，那么可以说媒体语言作为社会语言学的数据也是贴切的。其实问题不在于说话者和会话是否是"真正（authentic）"的，而是如何作为"真货"被提示，即"真正化（authentication）"的过程（Bucholtz，2003）。

多数媒体的社会语言学研究，是分析"语言意识形态"，特别是标准语/非标准语的非对称价值是如何通过出场人物的发话（再）生产的这一问题。研究结果表明，电影和电视剧等主要媒体的制作者通过让国籍、人种、性别、性取向、社会阶层各异的出场人物反复区分使用标准/非标准的语音、词汇、风格来区分团体，并给予出场人物特定的属性。比如，在迪士尼电影中，坏人有使用非标准的语音和风格的倾向（Lippi-Green，1997）。关于这个领域的整体情况，请参见 Stamou（2014）。

　　以上,我简单介绍了《语言与性别》出版之后的语言与性别研究的发展。但是,在这里我只能介绍有限的几种研究。除此之外,还有许多了不起的研究。关于汉语的研究也已有很多令人兴致盎然的卓见。无论何种语言现象,要想充分探究都有必要将"性别"加入考察当中。如果我已向各位读者传达了这一点,那将庆幸之至。

中村桃子

2017 年 6 月

于紫阳花烂漫的横滨

前　言

　　说到"语言"与"性别(gender)"的关系,也许大家会觉得非常难。然而,我们每天都在使用语言,语言与性别休戚相关。因此,思考语言与性别之间的关系,如同思考我们日常生活中所经历的小事一样。比如,为何一直称呼自己为"ボク(我,boku)"的男生,有一天却突然开始称自己为"オレ(我,ore)"? 有批评认为,中小学女生的谈吐"像男生",那么导致她们出现这种语言行为的动机又是什么呢? 女性在会议等公共场合发言时为何必须兼顾语言的"女性特点"和"观点的逻辑性"呢? 男性朋友为何不像女性朋友那样"多嘴多舌"呢? 上述情况深受社会价值观和支配构造的影响,我们探寻语言与性别的关系,也是为了发现这一事实。

　　语言与性别的关系的研究,有两大转折点。最初的转折点,当然是"性别(gender)"这一概念的出现。在"性别(gender)"这一概念出现之前,两者的关系并未被提及和重视。"性别(gender)"是女权主义提出的概念,目的是明确"性"具有社会侧面。此前,一般认为"性"是由生物学因素决定的。但是,"性"拥有社会建构、社会学习的侧面,这一点通过社会上那些表现出与生物学性别完全不同性别的人就可以明白。为了区分"生物学性别(sex)",女权主义提出了"性别(gender)"(社会、文化方面的性别角色)这一概念,他们指出性别不仅包含生物学层面的含义,还包含社会层面的含义。〔"性别(gender)"被翻译成"女性性、男性性""性别角色"等。〕近年,也有研究指出,不仅"性别(gender)",就连生物学"性别(sex)"都是由社会建构的。"性别(gender)"概念容易让我们把从生物学方面看待的"性",放在社会中探究它的历史形成。就这一点而言,它是一个跨时代的概念。

　　如果"性别(gender)"是社会建构的,那么它就与社会的权力结构密不可分。如果现在性别(gender)的"差异"不是基于生物学的性别,那么这不是"事实",而是在社会的权力结构中历史性建构的"意识形态(ideologie)"。无论哪个社会都存在"所谓女性/男性是指这种生物"这种与"性"相关的信念、知识和常识,这些都是为了让男性的支配正当化而对男女进行区分的意识形态。换言之,不应将"性"的差异作为生物学的事实加以接受,而是应将其视作"为了歧视的差异"来探究其结构。

第二个转折点是建构主义带来的。建构主义认为,"语言"不是抽象的"结构",而是创造社会的"行为"。人们向来认为"语言"是我们传递信息或者想法的"工具"。既然是传达的工具,那么就拥有独立的"结构",以往的语言研究也倾向于分析诸如"主语—谓语"这种抽象的语言结构。但是,随着研究的深入,人们明白,要想探究语言结构必须考虑使用语言的社会因素。如果不清楚是在何种情况下,谁对谁,基于何种目的使用语言的,那么就连"语言"的意思都无法解释。由此,也产生了以下视角:语言并非独立于社会的"结构",而是与社会紧密相连的"行为"。"使用语言的行为(discourse)"不仅受社会的影响,同时也是影响社会的社会性行为。"使用语言的行为"是社会的权力关系和社会意识形态的形成过程。不应将语言仅仅视作传递信息的工具,而是我们通过使用语言相互关联,用它来表达自己是怎样的人,以及与对方的关系。这种视角,即通过"使用语言的行为"来建构身份和人际关系。"使用语言的行为"即便受缚于社会结构或意识形态,也是一种拥有改变身份和人际关系能力的社会实践。

"建构主义"的出现使"语言"与"性别(gender)"以一种全新的方式连接在一起。之前的研究,让"女人/男人"这两种性别与语言使用直接连接在一起,并将研究"女性和男性如何使用不同的措辞"作为研究课题。但是,通过"使用语言的行为"不仅可以建构彼此的身份,还可以建构社会意识形态。这种观点认为,我们有必要将"社会性别"作为通过"使用语言的行为"建构的身份,同时将其作为意识形态加以理解。

新型"语言"与"性别(gender)"的关系,大致可以从三个视角进行思考。其一,将"性别"视作我们在相互关联中所建构的一种身份。我们试图通过使用语言的相互关联展现怎样的"女性"或"男性"呢? 其二,将"性别"视作"使用语言的行为"历史性累积而成的意识形态。与"性"相关的意识形态是通过"有关性的语言"被建构的。"作为身份的性别"与"作为意识形态的性别"在"使用语言的行为"上相互交叉。我们在"使用语言的行为"中,参考"所谓女人/男人就是这种生物"的意识形态,通过接受或者反对的方式让其作为特定的"女人/男人"来展现。最后,将以上两个视角与社会的支配关系相结合。现有的"性别"关系是让女性接纳男性的支配。同时,这种意识形态所进行的各种相互行为也与社会的支配关系结合在一起。我们在"使用语言的行为"中,既可以依据意识形态建构"像女人/男人"来稳固支配结构,也可以通过作为与此相背离的"女人/男人"而让支配结构发生改变。在变化的社会结构中,"语言"与"性别"通过"使用语言的行为"身份相互作用,在变化的过程中相互关联。

在此,我先陈述本书的书名与"语言与性别研究"领域各名称之间的关系。以语言与性别的关系为中心课题的系列研究一直以来名称各异。比如,"性别歧视与语言研究""女权主义语言学"等。近年,随着"建构主义"带来的变化,"语言与性别研究"这个名称被固定下来。对于本书,我们采用"语言与性别研究"这个名称。这是因为,通过明确研究领域的名称,我们可以回顾研究历史,将整合过去各种领域的研究作为"语言与性别研究"的基础,并基于新的框架重新评价。此外,即便在尝试将新型"语言"与"性别"的关系理论化,以及吸收分散在各种领域的研究方面,"语言与性别研究"这个名称也是行之有效的。本书所使用的"语言与性别研究",是一个基于语言学和女权主义理论,将社会学、人类学、精神分析等相邻领域的研究成果运用于此,并将"语言"与"性别"相关的研究进行整合、统括的名称。但是,现在"语言与性别研究"这个名称还不能说已经完全确立,许多人对这个名称印象尚浅。因此,本书的书名为"语言与性别",将追踪至今有关"语言"与"性别"研究的历史性轨迹,概说当前的理论,同时介绍最新的研究动向。

所谓"语言与性别研究",就是通过"使用语言的行为"把我们自身作为怎样的女性或怎样的男性的研究。此时,社会中有关性别的意识形态如何作为资源被使用,或者因这些性别意识形态我们会受到何种制约?我们"使用语言的行为"如何被性别的权力关系所左右,或者如何变革权力关系?有关性别的形象、规范、范畴,是如何通过"使用语言的行为"来建构、正当化,进而被普及的?这些过程与社会结构有何关系?"语言与性别研究"所探究的就是上述令人兴味盎然的问题。

关于本领域的研究,虽然有许多英语方面的入门书籍,但是日语方面的少之又少。因此,"语言与性别研究"对语言研究与性别研究双方而言都是有益的。这种认识在日本尚浅,且日本对这一领域也存在误解。

以本书为契机,希望更多的读者能对这个领域感兴趣,笔者也尽可能在书中对日语的相关研究进行介绍。但是,笔者个人的信息收集能力有限,也许会遗漏一些重要的研究。此外,迄今为止的"语言与性别研究"是基于英语的研究而发展起来的。因此,本书选取的研究数据也偏向英语。围绕日语的相关研究,希望借其他机会再总结论述。

另外,在指出研究的问题点时,笔者引用了相关著作的一些例句,这些仅仅作为代表性例子被加以引用,没有任何批判例句作者的意图。

当然,全文引用的数据更具有意义。但是,因为本书主要在于尽可能多地提及相关的研究,所以限于篇幅不得不进行相应的省略和改写。对数据感兴趣的读者请务必阅读所引例句的原书或原文。

本书由四部分构成。分别是序章,研究历史(第一、二、三、四章),后建构主义、建构主义的思维方式及受其影响的"语言与性别研究"框架概述(第五章),近年"语言与性别研究"的个案研究介绍(第六、七、八、九章)。

序章,从与女权主义的关联来探讨"语言与性别研究"的发展。之所以重视与女权主义的关联,是因为这个领域不仅是受女权主义影响发展起来的,而且今后也将与女权主义密不可分,这种关联可以使本研究跨越语言学的条条框框取得重大发展。

在序章的最后,我们概述了日语语言与性别研究的历史。英语语言与性别研究的历史将在本书的第二部分详述,而在第四部分,我们将尽可能多地介绍日语的相关研究。

第一章,我们总结了被称为"语言与性别研究"经典的罗宾·莱考夫的《语言与女性的地位》和戴尔·斯彭德的《男性创造的语言》。这两本书广泛探讨了女性在使用语言时的各种问题,这些问题在当今日常生活中也随处可见。时至今日,这些问题尚未完全得到解决。两部作品中所指摘的问题,会成为我们今后研究的"金点子"。此外,对于两位作者的主张,也有学者进行了各种批判,此后的研究也是基于这些批判发展起来的。就这一点而言,了解批判的内容也是极其重要的。

第二、三、四章,我们选取了"语言与性别研究"中的"语言使用与性别研究"为研究对象。"语言与性别研究"自古以来就有两个研究视角。一是"说话者的性别如何影响语言使用"的"语言使用与性别研究"领域,它探究说话者的性别与措辞的关系;二是"性别表达研究",它探究性别如何被语言所描述,特别是探究描述男女两性语言表达的不均等现象。两者遵循语言学中的"语言使用"和"语言体系"分别发展。但是,语言的体系随着语言的使用而发生变化,体系与使用密不可分。如第五章所述,今后两者的研究领域将在更大的框架中统合。关于"性别表达研究"的发展,请参见中村(1995a)的论述。

第二章,我们概述了基于拉波夫学派的社会语言学框架下的"性别差异研究"。当时主要研究说话者根据性别如何使用不同的语言,且主要以发音为主进行了量化分析。但是,即便研究证明了女性的发音比男性标准,却未能解释其原因。因此,"性别差异研究"的整体框架遭到质疑。为何要将"性别"引入语言研究中?换言之,为何要探究"语言方面的性别差异"?它以怎样的"性别"观为前提?本书将以"本质主义的性别观"为关键点来解决"性别差异研究"的问题。如今,提及研究语言与性别的关系,势必会被问及"女性与男性的语言使用有何不同"的问题。这种问题设定作为语言研究是不贴切的,且会给女权主义运动带来弊端,意识到这一点非常重要。

"性别差异研究"之后,语言学的研究对象从发音到句子,再从句子延伸到对话、文本等话语,即使在"语言与性别研究"领域,话语与性别的关系也开始受到关注。在第三章,我们将话语分析分成异性间的会话和同性间的会话后进行研究。异性间的会话分析结果表明,男性遮蔽女性,"主宰"着会话。另一方面,同性间的会话分析结果表明,女性的会话和男性的会话存在不同特征,这种差异体现在"女性采取合作的原则组织会话,而男性采取竞争的原则控制会话"。可以说,女性的会话成为研究对象这一事实进一步推动了"性别差异研究"。但是,同性间的会话分析并非要探究女性多样化的语言行为,而是将"合作性会话"一般化,这是问题所在。这表明"将女性视作均质团体,并强调其性别差异的倾向"根深蒂固。

第四章,我们概述了第三章中提到的由异性间会话分析发展而来的"支配模型"和基于同性间的分析而提出的"文化差异模型"。这两者基于两个相对的视角,即与"支配与否"的性别关系相关的两个视角。"文化差异模型"曾多次被痛批为"不考虑性别的支配关系"。在这个过程中,人们意识到即使可以用"男性支配女性"这种支配关系来看待性别,也无法仅从"女性有别于男性"这种差异关系来对待支配关系。人们寻求更加动态的性别概念,将社会的支配结构与话语的关系纳入研究框架。

第五章,我们概述了"建构主义"的主张和观点。建构主义被全面引入"语言与性别研究"中,它在"语言使用行为"上重视"身份"和"权力关系"的建构过程。建构主义的观点与自古以来"语言与性别研究"主张的"性别决定说话方式"相悖,它让"不同的语言行为左右人们成为不同的男性和女性"这种视角成为可能。

第六、七、八、九章,我们探讨了个案研究。这些个案研究均为基于"建构主义"视角的最新研究,它们包括"男性性""媒体与女性性""性取向""作为意识形态的日语女性用语"。

除此之外,还有"妊娠、生产"(Talbot, 1998),"母性、父性"(Ochs et al.,

1995),"性暴力"（江原，1995a ；Ehrlich，1999),"消息媒体"（Carter et al.，
1998),"年轻人用语"（《日本语学》1994 年 10 月号）等有关语言与性别的各类研
究，但限于篇幅无法——提及。

现在"语言与性别研究"的内容越来越多。随着"语言使用行为"与社会的历
史文化密不可分这一点被广泛认知，人们渴望包括日语在内的众多语言的研究。
如果本书能成为此种研究拓展的契机，那将是笔者无上的光荣。

中村桃子

目　录

序　章　从女权主义看"语言与性别研究"

　　"语言与性别研究(language and gender studies)"的发展也可作为对语言研究的回顾。但是,笔者认为,如果将这个领域视作纯粹的语言研究,认为它属于语言学中的"性别"领域是不充分的。不得不说,在与女权主义这个社会改革运动的关联中,思考社会中动态的性别关系是"语言与性别研究"的特征,也是推动今后研究发展的力量。因此,我们要通过与女权主义的关系来探究"语言与性别研究"的发展,进而分析为何"语言与性别研究"不应停留在语言研究上,以及何谓与女权主义相关的语言研究这类问题。

一、诞生于女权主义的"语言与性别研究"

　　"语言与性别研究"诞生于 20 世纪 70 年代,其目的是探究性别与语言的关系。当时女权主义仅作为思想,而今开始影响自然、社会和人文科学。女权主义暴露了旧有学问体系的男性支配,显示了新型范例的必要性,同时基于女权主义重新探究语言研究的意图产生了"语言与性别研究"。

　　比较理想的是,"语言与性别研究"顺应女权主义的要求,构建了语言与社会紧密相连的框架,对语言研究和女权主义均做出相应贡献。但是迄今为止,"语言与性别研究"的发展并不理想。这是因为"语言与性别研究"中的"语言"也好"性别"也罢,均非可用普通方法来处理的概念。因此,语言学中的"语言"概念和女权主义理论中的"性别"概念的发展给予这个领域以研究动机,这个领域在两个概念的不断批判和相克的过程中发展了起来。

　　早期的"语言与性别研究"是由女权主义对"语言"的强烈兴趣所支撑的。女权主义认为,要使社会解放,不仅应保障参政权和继承权等法律权利,而且要充分活用这些法律平等的意识进行改革。但是,几乎所有的词语都是从男性的视角出发来表达事物的,而用于表达女性意识或经验的词语极少。这个结果导致,特别是在英语圈,发生了寻求无性别歧视之语言表达的语言改革运动。典型的例子就是，he/man 不仅表示"男人"，也表示"人类"。这是将女性视作"语言上看不见的存在"，因此女权主义者提议把 he/man 等词语仅用作"男人"之意。但是，质疑这些约定俗成的词语含义本身招致了各种中伤和误解，就给予语言改革运动的主张以学问依据而言，语言学研究也值得期待（中村，1995a）。因此，早期的"语言与性别研究"与试图消除包含语言性别歧视在内的所有性别歧视的女权主义运动密切联动，当时被称为"语言与性别歧视研究（language and sexism studies）"。

但是，当时语言学中的"语言"概念与女权主义诟病的"语言"之间横亘着巨大的鸿沟。女权主义想探究的是与必须考虑社会状况的、各种没有答案的广泛"语言"概念相关的问题。诸如，为何表示"男人"的词语也可以表示"人类"？为何没有表示女人生产之苦或母性缺失等特有经验的词语？为何女人在公共场合发言被鄙视？另一方面，当时的语言学将语法结构等作为主要的研究对象，它难以回答语言的规范化、经验的语言化、公共发言与性别权力关系等女权主义质疑的内容。因此，"语言与性别研究"丧失了为女权主义对语言表现出的关心提供有益讨论的机会。

现在回过头来看，我们可以质疑，为何拘泥于语言学的框架？为何不能提出一个比使用语言的社会更为宽广的框架呢？然而，当时就连将性别纳入语言研究都不被认可。

女权主义之前的语言研究，缺乏将性别与女性的语言行为作为研究对象这一视角。由于存在女性的语言行为不值得研究这种偏见，因此存在只分析男人的语言行为并将之视为对整个团体语言行为的研究。此外，在女权主义区分"sex（生物学性别）"和"gender（社会、文化性别角色）"之前，人们相信将女性的语言行为解释为女人与生俱来的生物学性决定论。因此，先前的语言研究缺乏将女性的语言行为与社会关联起来进行研究的视角。

因此，为了让人们将女性的语言行为视作值得研究的对象，认识到将性别纳入语言研究的重要性，以及确立"语言与性别研究"这一领域，有必要寻求因袭既有语言理论分析的经纬。女权主义试图解决的女人的语言问题也许无法马上获得答案，但确立这个领域并持续研究性别与语言的关系意义重大。"语言与性别研究"，首先要抛开女权主义理论，用既有的语言模型展示性别概念是语言研究不可或缺的要素。

二、从语言学类研究到与女权主义运动相关联的语言研究

因此,基于语言学中语言体系与语言使用的分类,"语言与性别研究"被分成用于描述女人的语言表达的研究("性别表达研究")和女人使用的语言研究("语言使用与性别研究"),并发展起来。"性别表达研究",从印证女权主义的语言改革运动主张的语言分析扩展到与文学或语言以外的媒体相关的研究。

"语言使用与性别研究",如第二章所述,在 20 世纪 70 年代,是处理社会与语言关系的少数模式之一,它基于社会语言学的框架进行了深入研究。此外,随着语言学的发展,它所研究的语言单位也逐渐从发音发展到会话和文本等宏观领域(第三章)。其间,通过研究发现语言行为因性别不同而不同,且女性的语言行为也值得研究,性别对语言行为产生极大的影响这种观点也被广为认同。

但是,将性别加进对既有语言模式的尝试,现在回过头来看,是以错误的性别概念为前提的。它将性别作为事先赋予说话者的属性,将说话者分成女人与男人,进而研究"女人和男人以何种不同形式使用语言"。所以,自诞生以来,"语言与性别研究"的主要目的一直是探究"语言的性别差异"。

从女权主义的视角出发,可以指出"语言与性别研究"执着于探究语言的性别差异,并厘清其弊害。如果将说话者分成男女再比较其语言行为,那么就会发现某种不同吧。但是,这种差异难道仅仅起因于性别吗?这种方法难道不会遮蔽性别与年龄、人种、社会地位、居住地区等各种因素错综相关的事实吗?不仅如此,强调"性别差异"也会遮蔽女人考虑多种因素能动地进行各种语言行为的事实。

进入 20 世纪 90 年代之后,人们提出了基于会话中男女差异的模型(第四章)。其中,对于"文化差异模型"的批判如实反映了"语言与性别研究"作为语言研究是特殊领域的事实,它是在女权主义这个社会运动的推动下发展起来的。"文化差异模型"被众多女人所接受,她们为了能浅显易懂地解释男女会话方法的差异,平时与男人会话时总是抱有"男人为何这样呢"的疑问。但是,随着"文化差异模型"被众多普通书籍所引用,它以通过了解对方的说话方式解决男女交际误会的形式被介绍。男女之间的差异被视作可个人解决的问题,这与女权主义主张的"个人的即政治的"的命题完全相悖。女权主义认为,女人所抱有的各种问题不是个人问题,而应作为性别的支配关系这种政治性问题来解决。而且,这种观点在基于语言学家的研究这种权威言论下得到普及,这甚至可能将之前

的女权主义运动推倒重来。"文化差异模型"被批判为"没有考虑研究结果对普通书籍的影响"的模型。

发生这种事情，不仅是因为"文化差异模型"自身未言及男性支配的社会结构，还因为接受研究成果的社会倾向于将性别差异视作生物学性别差异。考虑研究结果影响普通书籍这种乍一看无理无据的批判，表明"语言与性别研究"必须探讨男女的权力构造和社会如何看待"性"这些问题，也就是说它是将有关性的意识形态吸纳进来的、总括性的研究。

为了让其成为总括性研究，"语言与性别研究"所回溯的也是女权主义理论。女权主义理论已经采纳指出"使用语言的行为（discourse）"重要性的后建构主义，这个视角也为"语言与性别研究"提供了我们在"使用语言的行为"上建构怎样的性别这种新视角。这一时期的语言学也开始认同以下视角——通过与社会之间的关系来探讨语用论、言语行为理论等有关语言使用研究的"使用语言的行为（discourse）"（语言学与建构主义的"discourse"概念的区别请参见第三、五章），还提出了通过会话分析、话语分析来探讨实际的语言使用与性别等社会关系的有益手段。女权主义理论与语言学双方开始重视语言使用、语言行为、语言实践，"语言与性别研究"与女权主义再次相遇了。

在这个过程中，"语言与性别研究"和女权主义运动的关系被再次确认。自古以来，在"语言与性别研究"中，既存在坚守其作为语言研究的立场，也有与女权主义运动积极相关的研究。前者虽然考虑到性别，但依据语言学的客观手法进行分析，旨在对语言研究做出贡献；后者则从是否对改善社会的性别关系有益这一视角来探讨语言研究的框架。但是，后建构主义质疑知识和学问研究的客观性，它指出"语言与性别研究"方面有关性别的既有概念，也质疑究竟是否能基于意识形态进行自由客观的语言研究。今后的"语言与性别研究"不是顺守既有语言模型，而应朝着积极联系女权主义运动、文学、历史学、社会学、心理学、人类学等相关领域，并提出更为丰富的语言模型的方向发展（中村，1993）。

"语言与性别研究"处于视其为客观科学的语言学与试图实现社会解放的女权主义之间的夹缝，不允许它逃向抽象的语言理论而是一直被引向社会。"语言与性别研究"如果仅满足作为语言研究的整合性是不够的。既然女权主义是以社会解放为目的的运动，那么"语言与性别研究"是否对社会改革有效就显得尤为重要了。当然，人们也寻求性别的支配关系和成为社会常识的性别观对语言行为的影响。在拥有这种性别观的社会中，对于研究成果可能被用于男性支配的正当化这一点也会被问责。换言之，人们寻求的不是抽象的语言结构，而是与社会结构相关联的统括性语言研究。

三、日本的语言与性别研究

本部分我们将概述日语中"语言与性别研究"的历史。在本书第一章到第四章所概述的"语言与性别研究"的历史中，我们只选取了英语的研究史。这是因为迄今为止的"语言与性别研究"是以英语的研究为主发展起来的。但是，正如女权主义被批评为是白人、中层、异性恋者的理论一样，现在的人们也渴望对"语言与性别研究"进行各种研究。本节，我们将概述与第一章到第四章的英语研究史同期的日语研究史，且在第六章之后的个案研究中也尽可能多地介绍日语的相关研究。

日语"性别与语言研究"的特征：(1)与女权主义的关联性薄弱；(2)受到英语研究的极大影响；(3)与日本语学相分离。

与欧美相同，在女权主义之前，日本也极少将女性的语言行为作为研究对象。即便偶尔提及，也被作为附属于男性的语言行为，或不分析数据就将身边的逸话断定为所有女性的语言行为，倾向于提出使用规范对女性的语言行为进行否定性评价。虽然日本语学中有以女房词、花街柳巷语为对象的通时研究（杉本，1985；堀井，1990，1992），但其中多是以分类、分析这些表达为目的的研究，并没有趋于将语言与社会的性别歧视相结合。令人遗憾的是，即便是现在，这类研究也倾向于依据身边的例子而轻率地断定女性的均质语言行为，并参照规范进行批判（第九章）。生物学性决定的二元对立式性别观根深蒂固。

即便是在欧美的女权主义对语言抱有超强兴趣的时期，日本的女权主义也极少将语言的重要性作为中心课题。日语中很难发现诸如英语的 he/man 这种明显出现在语言结构中的性别歧视。实际上，日语中有大量诸如"日本人""少年"等既表示男性之意也表示男女双方之意的词语（中村，1995a），只是日本人对于褒贬语言问题抱有强烈的抵触情绪。这也许与男性语言学家将欧美的语言改革运动介绍到日本时用了"即便如此，'如此加以限制却……'不由得叹气"（长谷川，1976：53）的语气不无关系。其背景有着如下语言观：(1)因为语言无法表达所有事物；(2)将语言视为问题是吹毛求疵。仅将语言视为问题就被烙上了"拘泥于细枝末节的歇斯底里的女性运动"印记，这作为女权主义的战略也被敬而远之。当时，未实现盖上"实际上语言与性别歧视密切相关"烙印的语言与性别歧视关系的理论化。

　　但是，即便在这种状况下，研究仍在继续。其中，值得大书特书的有：(1)寿岳章子的《日语与女性》；(2)以井出祥子为主的社会语言学研究；(3)远藤织枝的语言与性别歧视研究；(4)"媒体中的性别歧视思考会"进行探讨的媒体中女性表达的研究与活动。

　　早在1979年，寿岳章子的《日语与女性》就指出了欧美经过20余年的研究才实现的有关语言与性别关系的几乎所有的真知灼见，就凭这一点该著作就值得重视。首先，虽然寿岳论述的是有着"女ことば（女性用语）"概念的日语，但她认为将男女的说话方式、写作手法通过男女性别不同而对立起来进行描述是不可能的，且坚决否定了二元对立式"语言的性别差异"。此外，即便是同一个女人，"平时和外出"时的措辞也是不同的，即女人的语言行为不仅丰富多样，且女人也会考虑到各种因素而能动地进行语言行为。再则，寿岳也指出规范和实践有着多样关系，一直被呵斥"女人给我闭嘴"的农村妇女也能通过成为"说话的女人"、破除规范的女人语言行为能力和语言行为来改变规范。寿岳的研究反映了这种视角，她分析了社会强加给女人的语言规范、语言的偏见及规定女人的规范性行动的语言习惯（中村，1990a）。

　　另一方面，与英语研究的关系，从雷诺兹・秋叶胜枝将莱考夫（Lakoff）和斯彭德（Spender）介绍到日本时就开始了。日本的语言研究者对将性别吸收到语言的研究表示欢迎，基于英语研究框架，将性别与语言纳入日语的研究在日本发展起来。日语中有"女性用语"这个概念，说话者的性别反映在人称代词和句末助词等语言形式上，它被视为可给予"语言与性别研究"有益启示的对象语言。之前的研究被编撰成册（Ide et al., 1990；れいのるず＝秋葉かつえ，1993；井出，1993），人们开始认识到应将女人的语言使用作为真正的研究对象。

　　但是，基于英语研究框架的研究，将英语研究的问题点原封不动地照搬到日语中。比如，在英语研究中"女人和男人是如何使用不同语言行为的"这种"性别差异研究"盛行时，日语也进行了"性别差异研究"。因此，日语研究存在将性别作为"性别差异"来对待的问题点。

　　关于性别歧视表达，有指出词典的释义或例句中的性别歧视的"思考语言与女性之会"(1985)，以及对日语性别歧视表达进行统括性研究的远藤织枝(1987，1992，1998)。通过这些研究，人们意识到语言的重要性。其中，特别值得我们关注的是，称呼丈夫为"主人（主人，syujin）"的情况。研究者提出用"つれあい（配偶，tureai）""パートナー（伴侣，partner）"等词语来替代"主人"一词（福田，1983）。外来的视角有益于分辨这些司空见惯的性别歧视现象，由此出现了基于美国人(Cherry，1987)和留学生视角(佐佐木，1999)的研究。

再则，分析报纸中男女描写方式这一问题点的"媒体中的性别歧视思考会"的研究和"与媒体相关人员的学习会"的研究成果(1991a，1991b)，最终以日语中的性别歧视指针(上野 等，1996)的形式开花结果。通过对杂志(井上 等，1989)、报纸(田中 等，1996)和媒体(松村 等，1998)的研究，人们意识到媒体对性别意识形态的形成所发挥的作用，由此性别歧视表达与人权相连被视作问题，而这一点以政府为中心扩散开来(比如，神奈川女性中心，1997；东京女性财团，1998)。

日语"语言与性别研究"的第三个特点是，日本语学的研究和基于英语研究框架分析日语的领域相分离。两个领域的研究者之间鲜有交流，所以很多情况下都无法活用有益的成果。比如，虽然日本语学的寿岳章子早就指出了女性语言行为的多样性与破除规范的语言行为的意义，但她的卓见并没有与超越"性别差异研究"的契机相结合。

但是，正如第五章所详述的，现在的"语言与性别研究"提出了将语言行为放在社会历史文化状况中来探讨的统括性框架，并期待在有别于英语的历史文化状况中进行各种语言研究。今后日语与性别研究首要追求的是，与日本语学之间的交流。以前，研究主要处理的是语言与性别歧视问题，倾向于在基于英语研究的领域分析语言行为。但是近年，在日本语学领域也开始盛行有关年龄、地域、语言使用的实证研究，并已形成两者交流的共同基础。再则，在性别的历史性建构的重要性被认知的当下，日本语学方面的研究积累可以说是一笔巨大的财富。笔者认为，通过研究日语可以为"语言与性别研究"做出怎样的理论贡献，这一点是与日本语学交流的关键。其次要探究的是女权主义理论，特别有必要积极学习日本的女权主义理论。正如我们之前论述的，日语中的"语言与性别研究"几乎与女权主义毫无瓜葛地发展起来。但是，在语言与社会结构的密切关系被广泛认同的当下，不考察社会中性别的权力关系就直接进行语言研究，这忽视了语言与性别之间的重要关系。

＊为希望进一步学习的读者提供的参考文献

有关语言与性别研究的整体，可参见：Thorn & Henley(1975)；Thorn，Kramarae & Henley(1983)；Cameron(1985)；Graddol & Swann(1989)；Roman et al.(1994)；Coates(1998)；Cameron(1998b)；Talbot(1998)。

第一章　莱考夫与斯彭德遗留的课题

真正拉开"语言与性别研究"序幕的是罗宾·莱考夫（Robin Lakoff）的《语言与女性的地位》(1975)。如果用一句话来描述她的贡献，那么就在于她提供了触动其他研究者进行各种讨论的内容。作为生成语义论的研究者且已被世人所认可的莱考夫，不仅有着对语言改革运动的政治见解，且敢于踏进新领域，这种勇气令人钦佩。因为对她这本论著的批判较多，所以此后莱考夫没有对这个领域做出过多积极的发言，但这一著作至今仍意义深远。

首先，莱考夫依据语言学的"语言体系"与"语言使用"的区别，区分了"用于描述女性的语言"（"性别表达研究"）和"女性的语言行为"（"语言使用与性别研究"）。下面，我们将分析她在女人语言行为方面的相关主张。

一、莱考夫的"女性的语言"概念

莱考夫尝试用"女性的语言"这个概念来探讨女人的说话方式。从早已有"女性用语"这个概念的日语来看，也许会有"如今还提这个"这种印象，但对这种概念认识薄弱的英语主张"女性的语言"，使"性"给予语言行为重大影响，这也成为表明女性的语言行为是值得研究的现象的一个契机。

莱考夫列举的"女性的语言"特征与相关解释如下。

(1)女人使用有细微区别的色彩词。这是由于仅有色彩的区分等微不足道的决定权才委托给女人。

(2)女人回避"他妈的！（shit）"等詈骂语，而使用"天哪！（oh dear）"等表达。人们会倾听激烈表达自己情感的人，因此这也进一步强化了男人的立场。

(3)女人使用"可爱！（adorable）"等不会贬低对方的形容词。

(4)女人多用表示说话者不确定的反义疑问句或升调。所谓反义疑问句，是指"Mary is here, isn't she?（玛丽在这儿吗?）"这种句子，它位于断定句和疑问句的中间位置,"用于说话者虽然有某种主张,但对于内容的真实性没有足够的把握时"(Lakoff,1975:26)。上升语调一般用于说话者寻求信息的疑问句,但女人却在陈述已知的信息时用上升的语调。这表明她们回避断定。

(5)女人使用诸如"嗯(well)""你知道(y'know)""像(sort of)"等表示对所描述内容不确定的表达方式,是一种"模糊表达(hedge)"。

(6)女人回避"非常(very)"这种断定表达,使用"如此(so)"等抑制感情的表达。

(7)女人不用"going"的缩略形"goin'"或"am not"的缩略形"ain't",她们过度使用正确的用法。

(8)女人比男人多用礼貌的依赖表达。这显示女人的社会地位比男人低。

(9)女人不开玩笑。因此,女人被认为没有幽默感。

(10)女人说话夸张。这是内心不安的写照。

莱考夫认为,拥有以上特征的女性说话方式缺乏说服力,是说话者没有自信的表现。"一方面,女人采取清楚地表达个人主张的手段;另一方面,她们的说话内容无趣,说话者将那些缺乏自信的表达用到内容当中,埋没了女人的个性。"(Lakoff,1975:7)

那么,为何女人要采取缺乏说服力的说话方式呢?关于这一点,莱考夫列举了两大理由。其一,女人是社会地位低下的"非权力者""局外人"。女人说话方式的特征不是女人特有的,是社会上"非权力者""局外人"共有的说话方式。换言之,女人的说话方式与男人不同,"决定性因素……不是性别而是现实社会中的权力"(Lakoff,1975:111)。其二,"自我主张不好,不适合女士,不像个女人,这些观点被深信不疑且社会化了"(Lakoff,1975:54)。也就是说,女人采取不具有说服力的说话方式,是因为女人在社会上处于从属地位,所以不断定、礼貌且缺乏自信的样子才是"女人味"的规范。而且,采取不具有说服力的说话方式的结果是,人们不承认女人是独立自主的个体。

二、莱考夫指出的女性语言行为问题

除了"女性的语言",莱考夫还指出了女人在使用语言时需要直面的日常问题。即便现在,这些问题还未被完全阐明。

(1)语码转换(bilingual)——女人必须掌握普通的语言(也就是被认为标准的男人的说话方式)和女性的语言。就这层意思而言,女人被迫成为双语使用者。女人被迫进行"语码转换",即在与同性说话时使用女人的语言,与异性说话时则使用男人的语言。这并非仅限于女人,社会上的被支配集团因为没有掌握如何使用统治集团的语言,可能会受到实质性伤害。

(2)双重窘境(double bind)——不管是否掌握"女性的语言",女人都处于"双重窘境"。如果掌握了"女性的语言",那么就会被认为有女人味,但会被责备没有说服力和自信。如果没有掌握"女性的语言",就会被责备没有女人味。

(3)"偏见(stereotype)"与"语言规范"——所谓"偏见",是指对某种特定团体的被广为认同的偏见,如黑人韵律感强。莱考夫指出,女人的说话方式中也存在"女人是如此说话的"等成见或"女人必须这么说话"等规范。之前的语言研究很少将偏见和规范式概念作为研究对象,但在现实生活中它们发挥着束缚女性发言的作用。

三、对莱考夫的批判与之后的发展

对《语言与女性的地位》一书,研究者们进行了各种批判,许多研究以检验这些批判的形式展开。下面,我们将这些批判分成五类,与其后的研究发展一起概览。

(1)对方法论的批判,认为莱考夫所列举的女人说话方式的特征缺乏科学依据。

莱考夫用了基于直觉的内省式方法论,将有关女人说话方式的规范和成见作为实际的语言使用列举出来。此后,社会语言学、会话分析等纷纷对莱考夫所提出的女人说话方式的特征进行了实证研究。

(2)对语言性别差异的解释问题,莱考夫将女人说话方式的所有特征都解释为"低劣的说话方式"。

莱考夫所列举的女人说话方式的特征是通过与"理想的说话方式=男人的说话方式"的比较得出的。以男人的说话方式为标准,如果将偏离标准的说话方式作为"女人的说话方式",那么女人的说话方式就会被全盘否定。

这个批判,成为重新评价女人说话方式的契机。按照莱考夫的观点,没有说服力的说话方式是低劣的说话方式,但是具有说服力的、断定式的说话方式真的就那么好吗?女人的说话方式回避断定,这被认为是考虑到听话者立场的礼貌的说话方式。重新评价女人说话方式的视角,产生了将女人之间的会话作为研究对象的情况(Coates,1996)。迄今为止被视作"多嘴多舌、喜欢闲聊、喋喋不休"的女人之间的会话价值开始被验证。

为何女人的说话方式受到否定性评价? 有些研究表明,女人的说话方式低劣并非因为实际的说话方式低劣,而是被说话者是女人这一事实所左右。康德利等(Condry et al.,1976)的研究结果表明,婴儿哭泣时,认为婴儿为男婴的人将婴儿的哭声解释为"愤怒",而认为婴儿为女婴的人将婴儿的哭声解释为"恐惧"。这表明,对个别说话方式的评价受到说话者性别所附带成见的极大影响。再则,以前认为女人的声音"因为过'小'、过'高'、'没有权威'"(Cameron,1985:53),所以女人不适合做播音员,而现在却有众多女性从事播音工作。这让人深切体会到,对语言使用的评价深受与性别相关的社会支配关系的影响。

关于这个批判,必须要指出的是,现实中女性的语言行为被否定解释的问题。对于莱考夫的否定性解释,人们反驳认为,"这不过是社会的歧视性成见的不断反复而已,女人的说话方式也有价值"。但是,实际上只要女人开口就被否定评价。"即便莱考夫所描绘的语言事实是扎根于文化意识形态的,但也是现实。这也是众多说话者团体正当反映自身会话经验的现实。"(Bucholtz et al.,1995:6)

这里显而易见的是语言的成见和语言规范概念的重要性。这些概念是我们实际使用语言时必须考虑的,它们不仅影响语言使用的过程,而且从基于成见或规范评价个别语言行为的意义看,它们也存在于解释语言的过程中(参见第九章)。

(3)对于形式和功能关系的批判,莱考夫将特定的语言形式在交际中发挥的功能限定为一种。

比如说,莱考夫认为反义疑问句表示"说话者没自信"。但是,语言形式的功能会因其语言行为(说话这种行为)的功能或会话的参与者之间的关系发生各种变化。霍姆斯分析了反义疑问句的使用,他将其功能分成"所指(referential)"和"情感(affective)"两种(Holmes,1984)。所谓所指反义疑问句,是指对说话者不确定的信息加以确认。莱考夫所预想的就是这种反义疑问句。但是,也有考虑听话者而设问的反义疑问句。这就是情感反义疑问句。情感反义疑问句还可以细分为两类。其一,表示连带或亲密的"促使反义疑问"。其二,弱化批判、命令的威胁的"柔和反义疑问"。

$$
\left\{
\begin{array}{l}
\text{所指} \quad \text{Men use tag questions too，don't they?（男人也使用反义疑问句吧?）} \\
\text{情感}
\left\{
\begin{array}{l}
\text{促使} \quad \text{It's about your back，isn't it?（是背上吧?）} \\
\text{柔和} \quad \text{That was silly，wasn't it?（那可太傻了啊。）}
\end{array}
\right.
\end{array}
\right.
$$

根据霍姆斯的研究,女人主要使用具有情感型促使功能的反义疑问句,而男人使用具有所指功能的反义疑问句。也就是说,即便女人比男人多用反义疑问句,也并非表示"女人缺乏自信",可能只是女人为了确立与听话者的连带感而促使男人加入会话中来。

"特定的语言形式在交际中发挥的功能并非一成不变的",分析反义疑问句等语言形式的使用频率时,如果不"考虑这种语言形式在何种语言的、何种社会的语境下使用"(Cameron et al.,1988：77),那么就无法阐明它的功能。

(4)对于语言性别差异理由的批判,莱考夫认为女人采用缺乏说服力的说话方式是因为女人社会地位低下。

"女性的语言"是女人的宿命,地位低下的归宿,还是双方混合的产物呢?(Cameron et al.,1988：78)如果"女性的语言"的特征是"非权力者"或"局外人",那么为何将其命名为"女性的语言"呢?

关于这一点的实证研究,其结论是自相矛盾的。欧巴尔和阿特金斯以法庭上的发言为数据,研究了说话者的性别与社会地位究竟哪个与莱考夫所说的"女性的语言"相关联(O'Barr et al.,1980)。他们的研究结果表明,相较说话者的性别,社会地位和法庭经验与"女性的语言"特征之间的关联性更强。另一方面,伍兹以同一职场不同地位的异性间会话为数据,研究了性别与地位究竟哪个因素影响会话的发言权(Wood,1988)。他的研究结果显示,相较地位,会话的发言权更受说话者性别的影响。

以上这种相互矛盾的研究结果显示,说话者采取特定说话方式的理由不能归结为某种单一因素。在使用语言的过程中,除了说话者的性别,年龄、职业、社会地位、会话参与者之间的关系、当时的情况、语言规范、成见等各种因素均影响着说话者对说话方式的选择。

(5)对于无视"语言体系"与"语言使用"相互关系的批判,莱考夫将"语言与性别研究"区分为"性别表达研究"和"语言使用与性别研究"两类。

语言体系与语言使用的区分是自索绪尔(Saussure)以来被认可的近代语言学命题。语言是与多种因素错综交互的研究对象,因此,语言被分成由语言要素关系构成的抽象体系和语言使用者运用相关知识实际使用的语言两部分。

但是,"体系"随着使用发生变化,性别歧视性语言行为因为有性别歧视性

"体系"的存在而成为可能。比如,有研究指出,男人之间的会话中对女人使用歧视性表达可促进男人团体的团结(Thorne et al.,1975:24)。正因为语言中存在针对女人的"性对象物""看不见的存在""他者"等表达,在实际的语言使用中可以使用这些表达歧视女人(Thorne et al.,1983:9)。如果总是将"语言与性别研究"分成"性别表达研究"和"语言使用与性别研究",那么就无法探讨两者的关系。

四、斯彭德——女人的"沉默"与"疏离"

比起提出将语言与性别研究作为语言研究的莱考夫,戴尔·斯彭德(Dale Spender)的《男人创造的语言》更接近女权主义理论,且更为开阔地探讨了"语言"。

(一)女人是"沉默"的存在

斯彭德认为,女人与语言关系的典型特征是"沉默"(Spender,1980)。人们通常认为"女人多嘴多舌",但有关男女会话的研究表明,男人比女人说的更多。男人避开女人开始交谈,他们控制着会话的主题,话题的展开、变更、终结,即男人控制整个谈话的过程和规则。对于这个矛盾,斯彭德提出了如下卓见,"女人的多嘴多舌不是与男人相比较,而是与沉默相比较获得的结果"(Spender,1980:42)。如果"女人"是"沉默"的,那么"女人发言"本身就是矛盾的存在。

但是,"沉默"并非仅指不开口发言。斯彭德阐明,"女人的沉默"使女人成为看不见的存在,不承认基于女人经验的语言象征了女人的压抑。

引起"女人的沉默"的首要原因是以下事实——语言中存在男人优势,所以女人被否定性描述或其存在被完全忽视。通过比较指代两性的词语,我们发现,指代女人的词语中多含有否定性语义。也有研究指出,指代女人的词语逐渐被用作"性对象物"这层语义。过去被用于指代权威男女的"master"和"mistress",其中原本指代女性的"mistress"现在被用作"情人"之意。如此,英语中存在让女人语义性堕落的语义规则,只为女人准备了"否定式语义空间"。

此外,女人不仅被放逐到否定式语义空间,而且成为"看不见"的存在。表示男人之意的"man"也被用于表示"人类"之意,无法区分性别的单数代名词变成"he"也是一个典型的例子。结果是,"历史"就如同只有男人的历史,不仅看不见女人的活动、经验、贡献,连女人的存在本身都被视而不见了。在语言上,男人是

"人类的标准"，而女人则被视作"不可视""不是男人的存在""是例外"。

（二）被语言"疏离"的女人

让语言与女人的关系更加生硬的是，现在某些语言的意思与女人的经验不一致。"motherhood（母性）"这个词语中所蕴含的幸福和喜悦与实际上母亲所体验的孤独、绝望、嫌恶相矛盾。"work（工作）"限于伴随收入的事情，因此女人免费承担的家务、育儿不被认为是"工作"。"foreplay（前戏）"是指"实战"前进行的前奏，但这是男人的"实战"；对女人而言，"foreplay"也可能作为"实战"来体验。如果要解释说明为何语言中可观察到这种现象，就是"因为创造语言的是男人"。男人基于男人的视角创造语言，他们在命名世界、将自身经验符号化的过程中排除女人，所以女人在语言面前只能沉默。"女人在创造各种文化形式的过程中被历史性地排除在外。语言最终是一种文化形式，且是最重要的形式，因此粗略地说，语言是男人创造的，是切合男人的目的被使用的。"（Spender，1980：52）在由男人创造的语言面前，女性始终"疏离"和"沉默"。

此外，斯彭德认为，这种"男人的语言"让女人即便在思考、现实认知、知识方面也保持沉默。使用没有表达"不幸的母亲"之意的词语的语言，不仅无法表达这种经验，而且也妨碍对这种经验进行思考、认知。"一旦语言中建立了范畴，那么就会依照这种范畴维持世界秩序，与范畴不一致的事实就会被视而不见。"（141）

（三）斯彭德提议的解决方法

斯彭德认为，在试图打破由男人的语言控制引起的女人沉默方面，"意识觉醒小组（consciousness-raising group）"发挥着革命性的作用。所谓意识觉醒小组，是指在女权主义运动中自发诞生的女人们交谈、商议的组织。女人们发现其他女人也有之前她们认为的女人的沉默是由于个人的性格或不胜任引起的等体验，这些问题产生于根植于女人自身思想中的男人优势的价值观。换言之，她们发现"个人的即政治的"问题。

斯彭德认为，意识觉醒小组是创造女人的意义、颠覆男性支配之契机的理由有三：其一，女人间的会话中不存在男女会话中的男性支配；其二，通过经验共享，可以创造基于女人经验的女人的意义；其三，可以从女人视角再次评价女人的经验。女人从女人之间的交谈中找到意义，将其他女人认可为听众，那么就没必要寻求男人的承认和认可，女人的意义的命名也正当化了。女人"开始看到、懂得与其他女人共享某些经验,使用这些共同经验,生成肯定性定义自身经验的意义并符号化。女性不是作为意义的接受者而是作为生产者开始解除沉默状态"(Spender,1980：130)。

(四)对斯彭德的批判及之后的发展

对于《男人创造的语言》,研究者进行了各种批判。以下,我们列举现今考虑语言与性别的关系时至关重要的两大批判。

(1)斯彭德主张的"男人创造的"对象并非语言,难道不是与语言使用相关的社会权力关系吗?

斯彭德认为,女人也基于女人的经验生成了意义,但在将意义符号化、蓄积在语言之中的过程中女人被排除在外。"女人和男人都拥有生成意义的能力。只是女人没能将自身的意义加入社会的意义中。"(Spender,1980：52)这里的前提是"经验→意义→命名→正当化、蓄积"这种过程。换言之,所谓语言生成,是指基于经验创造意义,将其符号化后,在词典、教材中正当化,被蓄积在文学或学问领域。在后半部分"命名→正当化、蓄积"的过程中,女人被排除在外。如果女人无法用语言展示其世界观,那么这就是语言的问题。但是,女人的意义不被男性支配的社会所认知是社会的权力关系问题,因为社会是否认可语言和性别与权力关系有关。

(2)斯彭德主张:男人的语言也统治着女人的思考、现实认知。作为这一主张依据的"萨丕尔-沃尔夫假说(Sapir-Whorf hypothesis)"的解释是极端的语言决定论。

萨丕尔-沃尔夫假说是研究者们对指出现实认知与语言的密切关系的爱德华·萨丕尔(Edward Sapir)与本杰明·李·沃尔夫(Benjamin Lee Whorf)的研究共同点的命名。这个假说的解释,大致可分为两种,即"现实由于认知主体使用的语言不同而不同"的"语言相对论"和"主体认知现实的方法由语言决定"的"语言决定论"。但是,在将语言视作各种符号体系之一的今天,即便其重要性得到了认可,但仅给语言决定现实认知特权的"语言决定论"仍被否定。

萨丕尔-沃尔夫假说是讨论现实认知与语言的关系时不可或缺的重要假说,试图将性别歧视性语言使用与社会的性别歧视相结合的早期女权主义者斯彭德等将其作为理论依据也是情有可原的。

但是,斯彭德对"假说"的解释,除了"语言决定现实认知",还认为"通过语言之外的符号体系来认知是不可能的"。这一点,可以说比"语言决定论"还要极端。"人类无法公正地描绘宇宙。要想描绘,首先必须要有分类体系。但是,反过来说,一旦分类体系,即语言到手,那么就只能看到依据任意分类的东西了。"(Spender,1980:139)换言之,活在男人创造的语言下的女人只能认知男人的意思。这与斯彭德在意识觉醒小组提出的可以建构女人的意思的主张自相矛盾。如果女人只能看到男人分类的现实,那么即便女人们进行交谈和商议也不会产生女人的意思。

对于斯彭德将其视作问题的"与女性的经验与现实认知相关的语言"这个概念,也许受过严格语言学训练的人会不习惯。事实上,有人批判指出,斯彭德称之为"语言"的这个概念含糊不清。但是,现在,语言与性别的关系不仅是莱考夫视作问题的个别语言表达,而且是社会上那些如果抛开性别的支配关系就无法言说的东西。就这层意义而言,尽情穿越"语言学"与"女权主义",从"沉默"到"语言的正当化、蓄积"这个广义范围的女性与语言的关系来主张"语言是男人创造的"的斯彭德的观点有许多值得我们学习的地方。

第二章　何谓社会语言学中的"性别差异研究"

通过莱考夫和斯彭德的研究,"语言与性别研究"的意义已清楚明了,之后学界开始了实证研究。早期的实证研究,使用了当时以语言使用研究为主的社会语言学的框架。社会语言学式研究,将说话者分成女人和男人,将两个小组的发音量化后进行比较。如此,这些研究的目的是探究语言的用法是如何根据说话者的性别不同而有所差异的,即语言的性别差异。因此,这个领域被称作"性别差异研究"领域。

在性别差异研究中观察到最多的现象是,女人比男人多用标准的发音这一性别差异。下面,我们概括有关性别差异的论述。

但是,性别差异研究在方法论、数据解释、性别差异的说明等方面受到批判。现今我们应该向性别差异研究学习的是,"语言的性别差异"这个概念的意思,以及把握在"说明性别差异"的尝试中发生了什么。这里我们特别指出了性别差异研究中的本质主义的性别观,以及其问题点。

一、社会语言学的"社会成层化"框架

社会语言学关注的是,即便是同一种语言,也会因使用状况或说话者的年龄、人种、居住地、阶层等因素而发生变化。同时,它厘清了产生这些情况的要因和各语言要素之间耐人寻味的相互关系。社会语言学的研究方法也纷繁多样,也有关于某种方法是否属于社会语言学的讨论。在此,我们将概述众多性别差异研究参考过的、被称作拉波夫派的社会成层化(social stratification)的数量型相关关系这一研究方法。

所谓"社会成层化",是指展示以下三种要因相关关系的概念:说话者的社会经济阶层;措辞的正式程度;标准形的使用频率。

(1)说话者的社会经济阶层(依据职业、教育、收入来分类)

　　①中间中等阶层;②下层中等阶层;③上层劳动者阶层;④中间劳动者阶

层;⑤下层劳动者阶层。

(2)措辞的正式程度(越是正式的措辞,越能意识到自身的发音问题)

　　①最正式的措辞(单词——朗读的"词读");②正式的措辞("朗读"写好的内容);③稍微正式的措辞(回答调查者的采访);④随便的措辞(边喝茶边"闲聊")。

(3)标准形的使用频率

许多语言都可以区分出被视作某团体权威的标准语言变异,以及其他非标准语言变异。NHK(日本广播放送协会)播音员使用的所谓"标准语"是标准语言变异,而被称为"方言"的则是非标准语言变异。"标准语言变异"与"非标准语言变异"这两个用语很长,因此本书分别将两者称作"标准形"与"非标准形"。

英语中,同一个音节根据其发音可区分为"标准形"与"非标准形"。比如,"hopping(忙碌的;蹦跳)""skipping(暂时把货物腾空;跳)"中的"/ng/"这个音节,在英国的诺里奇(Norwich)地区,[ŋ]是标准形,[n]是非标准形。调查者们根据各阶层说话者在各种正式措辞时的发音,计算出他们的频率。由此,得到了关于社会经济阶层、措辞的正式程度和标准形的使用频率之间的相关关系。三者的关系如图2.1所示。

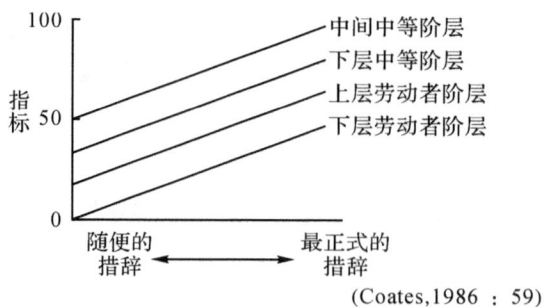

(Coates,1986 ∶ 59)

图 2.1

二、证实女人比男人多用标准形的研究

恰吉尔为了解释说明社会成层化,在以上三个原因之外又增加了说话者的性别这个因素。通过分析,他阐明了以下几点:第一,几乎所有阶层措辞的正式程度都不同,女人比男人多用标准形。第二,在最能意识到自己发音的"词读"上,随着阶层的降低,男人标准形的使用频率也随之下降,但三个劳动者阶层女人的使用频率都在80%左右。这表明,与男人相比,女人在能意识到发音时更

希望发出标准的发音。第三,下层中等女人在"闲聊"时使用标准形的仅为33％,而在"采访、朗读、词读"时几乎达到 100％(Trudgill,1974)。

用这种方法,可以观察到女人标准形的使用频率比男人高。在美国的新英格兰(Fisher,1958),北卡罗来纳(Levin et al.,1966),纽约(Labov,1966),底特律(Shuy et al.,1967)和英国的格拉斯哥(Macauley,1977),爱丁堡(Romaine,1978),贝尔法斯特(Milroy,1980)等地区可以观察到类似现象。

三、为何女人比男人多用标准形——说明性别差异

关于上述性别差异,说法各异。这些解释,与其说是探究女人比男人多用标准形的原因,还不如说是在解释说明语言性别差异的观点上给了我们许多有益的启发。比如,解释这种性别差异产生了什么概念,有什么问题点,如何克服问题点等。

(1)生物学性解释

早期的研究仅报告性别差异,有些研究甚至没有解释说明为何会出现性别差异。

"……性别差异被发现时,'性别'往往被视作自动解释说明性别差异的前提。"(Thorne et al.,1983:15)换言之,"女人正因为是女人才使用标准发音"。

(2)女人因为……

女人"因为保守、文雅,或者因为养儿育女需要教孩子正确的措辞",所以使用标准形。

但是,主张所有女人拥有这些特征,就等同于说女人天生要"保守、文雅、养儿育女"。也就是说,"女人因为……,所以使用标准形"这个解释,只是给生物学性别差异盖上一层"……"的社会性薄膜而已。

(3)基于社会地位与标准形/非标准形的解释

女人使用更为标准的措辞被认为有以下两个理由:女人的社会地位比男人低下;标准形与社会权威形象相关。女人由于社会地位低下且不稳定,故在使用实际权力彰显自身存在感方面受到制约。因此,女人有必要使用服装、措辞、态度等间接彰显自身地位。女人使用更为标准的措辞,是由于女性说话者利用附着在标准形上的社会权威形象从而让自身显得有权威。

在这个解释中,被称作"过度订正"和"隐性权威"的相互补充,更具有说服力。

① 过度订正(hypercorrection)——"标准形彰显社会权威"

下层中等说话者在"闲谈、采访、朗读"时用上层中等阶层与下层劳动者的中间频次使用标准形,而在可以意识到自身发音的"朗读、对语读"时的标准形发音则最多,超过了上层中等阶层。拉波夫关注这一点,并将之命名为"过度订正"(Labov,1972a)。此后,表明过度订正为下层中等女性显著特征的研究被不断推进(Trudgill,1974;Macaulay,1977)。她们虽然在无法意识到自身发音的情况下使用非标准形,但是在自身可以有意识地改变发音的情况下使用具有社会权威的标准形。在这一点上,下层中等女性比比自己阶层高的女性的使用频率更高。

这一点如果适用于女人更为标准的语言使用,那么就是为了弥补"女人低下的社会地位",女人象征性地利用"标准形—社会权威"的结合体。过度订正是过于强烈地意识到标准形使用的结果。

② 隐性权威(covert prestige)——"非标准形彰显男人气概"

恰吉尔通过先调查说话者实际使用标准形还是非标准形的发音,然后让说话者听标准形/非标准形发音,再询问"你平时发哪种音"的方式,进行了饶有兴趣的比较研究(Trudgill,1975)。他的研究结果显示:尽管实际上使用非标准形发音,但回答自己使用的是标准形发音的女人的占比高;尽管实际上使用标准形发音,但回答自己使用的是非标准形发音的男人的占比高。恰吉尔认为,这个差异是男性说话者认为自身的发音比实际更接近非标准形,因为非标准形连接着可以谓之为"隐性权威"的"男人气概"的形象。

③ "标准形—明显权威—女人"与"非标准形—隐性权威—男人"

这些结果形成了标准形与表现在社会表层的权威相结合,以及非标准形与隐藏的权威相结合的论述。而且,前者与女性说话者相结合,女人被认为对标准形的社会权威敏感;后者与男性说话者相结合,男人被认为对非标准形的隐性权威敏感。

四、社会成层化的问题所在

针对社会成层化方法,有人指出这一方法论上的问题,故其调查结果也受到质疑。首先,社会成层化以"比起性别,阶层是更为基本的条目,性别差异可以用阶层进行最好的解释说明"为前提(James,1996:106-107)。但是,语言行为受到各种因素的相互作用与影响,我们没有理由视阶层为最基本要因。此外,社会成层化基于女性的父亲或丈夫，而非本人对女性被调查者的社会经济阶层进行分类。而且，采取只有当已婚女性的职业比丈夫的职业社会地位高时才会基于女性自身的职业对女人进行分类的毫无一贯性的方法（Coates et al.，1988）。如果基于女人自身的阶层进行分类，那么调查结果也许会截然相反。调查没有考虑到调查者对说话者的影响。社会成层化的调查形式是采访，调查者的社会地位和性别应该会影响被调查者的反应。比如，对于普通女人而言，与男性研究者的对话会比较正式。女人使用更为标准的语言形式这个调查结果也与调查者是男人不无关系吧。

在此，我们质疑"女人多用标准形"这个所谓的"性别差异"。事先被区分性别的说话者，如果调查事先被区分为标准形与非标准形的发音如何区别使用，那么结果肯定会有所"差异"。但是，如果这个"性别差异"并非经常观察得到的现象，那么它并不比其他"差异"醒目。

性别差异的解释，也被指出存在问题。首先，为何必须解释女性的语言行为呢？当发现性别差异时，为何一定要问"为何男人比女人多用非标准形"呢？可以说，这是由于"男人＝人类＝规范""女人＝女人这种性别＝脱离规范"这个"对男女设定不同标准进行解释、评价"的双重标准决定了"应该解释什么"。

双重标准的另一个理论性归结为"女人是由女人这种性别所定义的均质的语言集团"这种想法。这种想法也左右着调查结果的解释和说明。比如，"过度订正"原本用于下层中等女性在随意措辞时使用非标准形，然而被提议用于解释说明在女人正式措辞时倾向于使用标准形。但是，此后在提及过度订正时"下层中等"部分被遗漏，因此，过度订正开始被用于解释说明所有阶层女人的"更为标准的发音"。部分女人的特征被一般化为所有女人的特征，所以，女性的语言行为因阶层不同而不同这个事实被埋葬了。同样，尽管有研究指出"赋予隐性权威"（Trudgill，1975：101），但"标准形—明显权威—女人""非标准形—隐性权威—男人"这种对立被一般化了。结果，女性说话者的语言行为也因年龄不同而不同，且女人也支撑着非标准形文化这一事实被忽视。

社会成层化的方法，卡梅伦称之为"相关关系的谬误"（Cameron，1990：85），她批判"仅仅阐明说话者的属性与语言使用的相关关系，无法解释其他任何问题"这种倾向。我们应该记住的是以下事实：在将调查结果一般化，试图通过让男女对立进行解释说明的过程中，"男人＝人类＝规范""女人＝女人这种性别＝脱离规范"的性别歧视性双重标准被不断重复。

五、"性别差异研究"的根本问题所在——本质主义

解释性别差异之所以非常困难,是由于预设了基于本质主义的"性别"。

所谓本质主义,是指将性别、人种、阶级、年龄等规定人的要素作为某人内在特质(属性)之一的想法。本质主义的性别可以用"拥有××""是××"这两个表达来说明。比如,笔者拥有"日本人""中等""中年""女人"的属性。此外,拥有相同属性的人属于同一集团。拥有"女人"属性的人被视作"是女人"。

本质主义未必以性别是生物学性拥有的属性为前提。因为重要的是,并非生物是如何拥有性别的,而是是否将性别作为属性来看待。如果认为性别是与生俱来的,那么就是生物学性本质主义;如果基于社会性考虑,那么就是社会性本质主义。

(一)性别差异研究中的本质主义

基于本质主义的性别观,以社会语言学为基础,通过各种形式对语言与性别研究产生影响。下面我们以性别差异为例来探讨本质主义的巨大影响。基于本质主义性别观的语言研究拥有以下三大特征,这些都是性别差异研究的前提(中村,1991b)。

(1)性别是二元对立的

所谓二元对立,是指性别只有"女人这种性别"与"男人这种性别"两种,两者无交叉且在所有方面都处于对极的想法。二元对立的性别观,从原本这个领域被称作"性别差异研究"这一点上也清楚明了。将女性说话者也包含在研究对象中,即研究女人与男人的"差异",设定与男人这种性别相对立的女人这种性别。这是将性别作为"差异"来理解。

(2)性别是属性

本质主义将"是女人""是男人"这一特质看作某人所具有的属性,认为它不为个人的经验所左右。本质主义"将性别视作个人内含的、持续性存在的、不被社会政治事件的相互作用所左右的基本属性"(Bohan,1993:7)。如此,脱离个人经验和日常事件相互作用的性别从语境(context)中抽象出来。此外,如果性别是说话者的属性,那么它会从其他变项中独立出来并影响语言行为。下至随便的措辞上至正式的措辞,社会成层化假定在任何状况下说话者的性别对语言行为的影响都是相同的。

（3）性别存在于语言之前

根据本质主义的理论，不仅性别，连年龄、职业、居住地等属性都是人的特质，均与人的经验无关。因此，性别差异研究事先根据说话者各自的属性对其进行分类。如果性别是属性，那么性别先于语言而存在。说话者"因为是女人"所以采取特定的语言行为。这种观点下的语言作用，只能展示事先决定的说话者属性的表示功能。

（二）否定本质主义的性别观

但是，之后的各种研究否定基于本质主义的性别观。首先，即便是属于相同语言集团的女性语言行为也各不相同。女性的语言行为不尽相同的观点表明，并非性别单独影响语言行为，而是女性的语言行为与"日常的社会政治事件"密切相关。

尼克尔斯调查了北卡罗来纳州的乔治城（Nichols，1983）。他的研究表明，居住在乔治城小岛上的年轻女人使用标准形的频率高于男人。但是，这个事实无法用以往的女人的保守性或社会地位不稳定性来解释。因为，这个地区的其他女人使用非标准形，小岛上的年轻女人使用标准形，与其说是因为说话者保守，不如说是体现了一种革新性。尼克尔斯认为，小岛上的年轻女人使用标准形，原因在于随着岛上生活方式的变化，女人就业机会扩大，女人开始从事观光业、教育行业等接触标准形或需要标准形的职业。这个研究同时表明，即便是居住在同一地区的女人，年龄不同其语言行为也不同，这源于"就业机会的变化"。也就是说，女性的语言行为也并非总是仅被"女人这种性别"所左右，要想了解女性的语言行为，该地区的经济变化、历史文化等信息也是不可或缺的。

米尔罗伊调查了居住在贝尔法斯特三个地区的劳动者阶层（Milroy，1980）。他的研究结果同样表明，三个地区中有两个地区的男人多用非标准形，而另一个地区的年轻女人比男人更频繁地使用非标准形。这个差异也无法用社会地位来解释，因为这些被调查的集团都是劳动者阶层。因此，米尔罗伊关注了在年轻女人使用非标准形的地区男人的失业率高，而所有年轻女人都在同一职场工作的事实。米尔罗伊认为，即便是同一地区存在着基于职业、家庭、兴趣等形成的各种小团体（米尔罗斯称之为"社会网"），如果这个小团体的人际关系密度高，那么强制他们使用特定说话方式的力量就强。对于都在同一职场度过一天中大半时间的年轻女人的小团体，强制她们使用劳动者阶层地区的非标准形的力量强大，因此女人比男人多用非标准形。这个研究也证明，女性的语言行为并非仅仅因为女人这种性别,而是各种社会要因共同作用的结果。

"社会网"这个概念也适用于调查了南威尔士炭坑小城的托马斯(Thomas,1988)的调查结果。在这个地区,有一种属于特定教会的50多岁人士所频繁使用的发音。而且,这种发音属于方言,因为缺乏权威的非标准形正被急速弃用。这个结果也可以说明,在教会这种人际关系浓郁的小团体中强制使用某种特定说话方式的力量强大。对于这个地区的50多岁的女人而言,教会几乎是她们唯一的社交场,这个事实也极大加深了她们的人际关系。

另一方面,也有研究结果显示,存在一种用"小团体的人际关系"无法解释说明的女人语言行为差异。盖尔调查了奥地利同时使用德语和匈牙利语的小城市(Gal,1978)。这个地区倾向于:①越年轻越使用德语;②与农民关系越紧密越使用匈牙利语。但是,只有14~34岁的女性说话者显示了独特的语言行为。与农民的人际关系紧密与否无关,她们均使用德语。要说明这个差异,不应考虑"小团体的人际关系",而必须考虑"匈牙利语—农民"和"德语—劳动者",以及这地区农民妻子苛刻的劳动条件。这个地区农民的妻子的劳动条件过于苛刻,劳动者的妻子的工作要轻松得多。随着社会的变化,这个地区农民的女儿可以与劳动者结婚,他们开始否定与农民生活结合的匈牙利语,并使用自己希望归属的劳动者阶层的德语。

在这个研究中,非标准形不仅与农民这个团体相关,而且与"农民妻子的生活"象征性地结合在一起。此外,饶有兴趣的是,说话者使用外集团的语言。通常,说话者通过使用本集团的语言来加强作为集团成员的连带感。但是,在这里通过不使用所属集团的语言来象征性地表示与所属集团的背离(即通过语言行为)。同时,通过使用希望加入集团的语言,试图象征性地获得作为该集团成员的连带感。霍姆奎斯特也指出了相同的倾向。他的研究显示,在西班牙的村落,女人们为了"逃避农民的生活"而不使用与农民生活连接在一起的非标准形(Holmquist,1985)。

此外,埃克特调查分析了底特律高中生的语言行为(Eckert,1989)。埃克特的研究表明,上述要因错综复杂地影响着女性的语言行为。埃克特比较了主要参加学校运动俱乐部的中等"学校活动团体(Jocks)"与主要在地区活动或毕业后就职的劳动者阶层的"校外团体(Bournouts)"高中生的标准形/非标准形的使用情况。他的研究结果显示,相较男子,女子的语言行为差异更大。比起"学校活动团体"男子与"校外团体"男子的差异,两个团体中的女子的差异更大,"校外团体"女子使用非标准形的频率最高。

这结果意味着什么呢？首先，比起男人，女人多用"措辞"等象征性手段来显示自己是团体的一员。这可能是由于女人社会地位低下吧。其次，为了弥补女人不稳定的地位而使用的措辞不仅对社会整体的特定说话方式有价值，而且会依据女人所属小团体的价值发生变化。即便社会整体承认标准形的权威，对"校外团体"女子而言，其团体使用的非标准形在团体内部是获得尊敬和影响力的象征性手段。

这些证实女人多样语言行为的研究，明确表明了基于本质主义的语言研究的局限。如果女性的语言行为如此多样，那么寻找男女之间的"差异"又有何意义呢？性别带来的差异之大果真可以远远超越女人之间的差异吗？"不同"到何种程度才被视作"差异"呢？

此外，这些研究显示，性别并非独立于其他因素之外对语言行为造成影响，从社会的经济因素到小团体的象征性权威，以及围绕说话者的各种要素错综复杂，它们共同影响着语言行为。"性别这个分类，与其他社会分类相互交错，它们的相对意义受到各种状况的特殊影响。"(Cameron et al.，1998：91)

而且，说话者的性别对语言行为的影响并不均衡。埃克特观察到，即便是同一位高中女生，其性别对"校外团体"的影响更大，他指出，"……性别对语言行为的影响，对整个特定团体不可能均衡统一，会由于语言变项的不同而不同。因此，哪怕是个人也会有所差异"(Eckert，1989：253)。

由此产生了性别并非说话者具有的属性，而是说话者所建构的视角。这种观点"……性别，并非是由单一的'自然'决定的事实，而是在具体的、历史性变化的社会关系中形成的。"(Thorne et al.，1983：16)

（三）解体"女性的语言"

莱考夫提议的"女性的语言"概念也被"性别差异研究"以各种形式所接受、继承。比如，"genderlects〔连接'gender（性）'和'dialects（方言）'的造词〕"(Kramer，1975)，"female style（女性的文体）""female register（女性的语言使用）"(Crosby et al.，1977)，"gender-linked language（与性别连接的语言）"(Mulac et al.，1986)。但是，否定本质主义也等于否定"女性的语言"。这是由于"女性的语言"这个概念成立的前提就是基于本质主义的。

"女性的语言"这个概念的前提是"女人作为说话者形成一个团体"，即将女人视作均质团体的想法。将女人视作均质的语言团体，也就是将性别视作说话者"所具有的"属性，设想一个在与男人二元对立的关系中共有"女人这种性别"

的团体。另一个前提是"女性的语言行为是由女人这一性别所决定"的想法。正因为女人是由女人这种性别所定义的,所以女人的措辞才与女人的性别结合在一起。但是,在女性的语言多样性被证实的今天,设想所有女人共同的语言行为不仅毫无意义,而且会妨碍一些有意义、有价值的研究(中村,1990b,1991c)。"女性的语言这个概念与私人语言同样,是一种神话。"(Nichols,1983:54)

(四)该如何对待女性共同的语言经验和问题

虽说"性别差异"和"女性的语言"被否定了,但并非意味着性别没有对语言行为产生任何影响。对于日常使用语言的我们而言,可能会回答"性别对语言产生了极大影响"吧。一方面,女性的语言行为也多种多样,这已不言而喻;另一方面,感觉"女人有共同的语言经验和问题"。我们该如何看待这个问题呢?关于这一点,笔者认为应该从性别带来的社会权力及与性别相关的偏见和规范这两个方面来探讨(中村,1991a,1992)。

由于性别的权力关系被制度化,这种权力关系对女性的语言行为产生了均质影响。被性别所区分的说话者,往往在其他方面也被区分。餐馆的招待、银行窗口的工作人员、飞机乘务员等多为女性,餐馆的经理、银行的行长、航空公司的董事长等则多为男性。除了极少数例外,社会地位根据性别被严格划分。"性别差异"即"权力差异"的情况不少。如此,社会整体基于性别划分的权力关系,也适用于说话方式。除了少数例外,不允许女人使用与权力结合的措辞。比如,对于女人使用标准形,有解释认为"因为女人处在与标准形频频接触的环境中"。根据这个解释说明,如果女人的环境发生改变,与非标准形的接触增加,那么就会使用非标准形。但是,变化真的如此简单吗?"……即便就业机会发生变化,男女之间的权力关系和地位关系难道不是依旧不变吗?……在语言的性别差异中,不是有些因素不会受到些许经济变化的影响吗?"(Eckert,1989:255)如果在这个团体内非标准形与权力相结合,那么女人只要增加接触机会就能简单地开始使用非标准形了。

"女人共同的语言经验与问题",首先,就是考虑这种宏观权力关系对语言行为的影响。其次,"女人共同的语言经验与问题",可以从与性别相关的偏见和规范对女人语言行为的共同影响这个层面来看待。"女人的说话方式是这样的"这种偏见和"女人必须使用这种说话方式"这种语言规范,不仅对女人使用语言的过程,而且对解释女人发言的过程产生影响。在有着女人"多嘴多舌"这种偏见的社会,不认为女人"多嘴多舌"的语言行为可能会被剔除,且会以所有女人的发言都是"多嘴多舌"的标准来解释。女人们往往就会回避被解释为"多嘴多舌"的可能性而进行发言。对女性的语言行为的偏见和规范也许会因文化的不同而有所差异。但是,这种偏见和规范对女性的语言行为产生的影响力是几乎所有女人所共有的,除了极少数例外。这是因为在现实社会中将女人视作均质团体的本质主义思想根深蒂固。

此外,性别的权力关系和性别相关的偏见与规范紧密结合在一起。因为性别相关的偏见和规范这种意识形态将社会的权力关系正当化了。

女人的实际语言行为千差万别,是由于女人在使用语言的过程中不仅仅受到性别的权力关系和偏见、规范的影响。

本章,我们通过回顾"语言与性别研究"的实证研究先驱"性别差异研究"的框架和问题,概述了本质主义的性别观对语言研究的方法论、数据解释和调查结果的说明都偏向于强调"语言的性别差异"这个事实。这个事实如实展示了乍一看科学的语言研究是如何被社会的性别这一既有概念所左右的情况。

　　＊为希望进一步学习的读者提供的参考文献

　　总结概括了社会语言学的研究有 Coates(1986)和中村(1998a)。James(1996)

概括了标准形与性别相关的研究。

第三章　话语分析——异性间与同性间的会话有何不同

社会语言学兴起之后,语言学的分析单位从词汇、语法结构扩大到会话、文本,语言不再被视作抽象的构造,而是将使用语言视作具有社会影响的语言行为,以及说话者和听话者相互作用的行为。在这个过程中,被提议的概念是"话语(discourse)",是被称作话语分析的领域。"语言与性别研究"也积极吸纳了语言学的发展,其分析范围也扩大了。

在当今的语言研究中,"话语"是最重要的概念,理解在话语分析中所使用的各种分析工具是进行"语言与性别研究"所不可或缺的。

一、何谓话语

以往语言学的主要研究单位是"句子"。"话语"是基于研究比"句子"更大单位的必要性而被提议的概念,当初是指某个完整的口语或书面语。但是,话语概念随着研究的发展开始扩大,研究领域不同内涵也不同,无法再对其下统一的定义(Jaworski et al., 1999)。在此,我们将内涵各异的"话语"的特征分成两类来探讨:① 大于句子单位的相互行为;② 社会性实践。

"大于句子单位的相互行为"这个定义是在以语用论和会话分析为代表的语言学方法中常见的概念,由"比句子大的单位"和"相互行为"两部分构成。以"比句子大的单位"为对象,就有必要以阐明句子与句子的连贯、句子与句子的关系,以及句子整体的结构为视角。而"相互行为"促使"由体系到使用"和"由形式到功能"这两个视角的转移。此外不是关注"主语—宾语—动词"这种抽象的"语言体系",而是聚焦实际场合的"语言使用"。分析对象包含语言的使用者(参与者、说话者、听话者)的关系(上下关系、亲疏关系),场合的公私(仪式还是闲谈),语言使用的作用(信息传达还是寒暄)等。重要的不是语言的形状(形式),而是语言在实际场合发挥的作用(功能)。这个领域的"话语"一般多被译为"发话、谈话"。

加上上述两类特征的话语就是包含"建构"知识和社会结构的建构主义（后建构主义）所主张的概念。在这一类中，话语的结构被视作"反映"社会结构。因为听者是上司，所以我们使用敬语。而在第二类中，认为话语不仅仅反映社会，而且建构我们的知识、人际关系和身份。换言之，通过对上司使用敬语，对"上司与下属"这个社会的"上下关系"进行再生产。如此，与社会结构密切相关的话语与其说是"语言行为"，莫若说是"社会性实践"。这个领域的"话语"被称作"话语、言说"。关于"社会性实践"这个话语概念，我们将在第五章详细说明。

基于"大于句子单位的相互行为"这个话语概念的分析（谈话分析），以口语、书面语、职场会话、仪式中的措辞、朋友间的闲聊等各种语言行为为对象，以所在地区的历史、经济、文化背景，以及说话者与听话者的社会关系、心理关系、会话的目的与功能等广泛信息为线索分析语言行为。这也为性别提供了有意义的研究框架。

下面，我们将 20 世纪 80 年代到 90 年代初期发展起来的大量研究整理成男女的"异性间的会话"和女人间、男人间的"同性间的会话"，并撷取部分研究探讨其结果。

二、异性间的会话——会话中的支配

有研究认为，异性间的会话具有以下倾向——女人提供话题促进会话开展，而男人插入女人的会话中，非但不努力促进话题且会放弃女人提供的话题。

（一）男人"插话"到女人发言中

齐默曼和韦斯特调查了随意录音的会话中的"插话"和"沉默"与说话者性别之间的关系（Zimmerman et al., 1975）。如果将会话设定为"暂时一人发言，然后发言顺序相互交替"，那么会话中就会产生前一位说话者还未说完下一位说话者就开始发言的"重叠"现象。如果上一个人话未说完下一位说话者就开始发言，那么说话者就会感觉自己的发言被"插话"了。"重叠"是指偶尔与前一位说话者的发言重叠的情况，"插话"是指妨碍他人说话权利的那种"重叠"。

他们的分析结果表明，男人以令人惊诧的频率插入女人的发言中。首先，在 20 组同性两人间的会话中，完全没有发现"重叠"和"插话"的频率差异。但是，在 11 组异性两人间的会话中却显示了以下差异："重叠"现象男人出现的频率为 100％，女人为 0％；"插话"现象男人为 96％，女人为 4％。

其次,关于"沉默",他们的研究也表明,在异性间的会话中女性说话者保持"沉默"的时间最长。此外,女人的沉默有 62％ 的概率发生在下述三件事情之后。其一,发生在男人错过"随声附和"的时机之后。"随声附和"虽然可以起到促进说话者发言的作用,但与女人说话时男人通常多在停顿后再"随声附和",男人的"随声附和"推迟后,女人沉默。其二,发生在男人"重叠"之后。其三,发生在男人"插话"之后。

这说明了以下事实。男人懒于做出促进女人发言的"随声附和",哪怕通过"重叠"或"插话"也要守住自身话语权。与此相对,女人一旦被男人"插话"、被男人"随声附和"而发现男人不感兴趣后,就会轻易放弃话语权开始沉默。

基于以上结果,齐默曼和韦斯特得出结论,男人支配着更广的社会制度,同时也支配着会话制度。男人插入女人会话,懒于付出努力促进女人会话,女人则甘于现状,保持沉默。这种现象说明,"男人通过控制宏观社会彰显男人统治,同时男人也通过控制'会话'这种微观制度彰显男人统治"(Zimmerman et al., 1975:125)。

(二)女人是"会话的配角"

费舍曼分析了同住的三对异性情侣会话,得出了以下结论。虽然女人努力使会话顺利进行,但是由于男人没有给予合适的反应从而导致女人的尝试失败(Fishman,1983)。

① 提问——女人以多于男人 2.5 倍的频率提问,努力促进会话进行。

② 引起听话者注意的表达——女人以多于男人 2 倍以上的频率通过"D'ya know?(你知道吗?)""This is interesting.(很有意思哦)"等表达开始会话,以努力引起听话者的兴趣。

③ 随声附和——女人通过使用随声附和表示对男人谈话的兴趣并努力使男人易于交谈。但是,男人的随声附和却错过时机而将女人的发言拦腰斩断。

④ 断言——男人使用多于女人 2 倍以上的断定性"断言",之后就此话题持续长时间发言。

⑤ 话题的提供与发展——女人多提出话题,但是女人的 47 个话题中发展成会话的只有 17 个。与此不同的是,除了 1 个以外,男人的其他话题都发展成会话。

　　基于以上结果,费舍曼认为,正如社会上存在性别分工,在会话中也有角色分工,女人在会话中被迫做一些没有回报的努力,是"会话的配角(conversational shitworkers)"。"女人是日常会话中的'配角',通过其劳动创造的'产品',除了会话,还有现实。"(Fishman,1983:99)他认为,女性之所以是"会话的配角",是由于宏观社会的权力关系也在会话这个微观层面发挥作用。

　　同样的结果,在日语学生之间的会话(江原 等,1984,1993)及7对夫妇的家庭会话(DeFrancisco,1991,1998)中也得到证实。斯旺将学校教室的语言行动,以及教师的视线和举手的时机都作为分析对象(Swann,1988)。他的研究显示,男人对会话的支配也可通过女人的合作得以成立。男人对话语的占有,也可以通过网络进行,因为网络上的信息发出者是匿名的,所以能自由会话(Herring et al.,1992,1995)(第六章)。

三、同性间的会话——合作性会话与竞争性会话

　　另一方面,有关同性间的会话研究显示,男女为了达成相同目的使用不同语言手段,为了发挥不同的功能来使用相同的语言手段。下面,我们将探讨命令形、弱化表达、随声附和、提问等的"重叠"、称赞语的例子。

(一)命令形——集团结构与会话方法的关系

　　古德温观察了费城非裔美国孩子的游戏,发现男女的团体结构与语言行为存在巨大差异(Goodwin,1980)。男女不仅与玩耍团体的关系不同,玩耍时的语言行为,特别是让对方做什么时使用的命令形都有着极大的差异。

　　女子以2～3人的小团体一起玩耍,小团体内的关系是平等的。所有人都参与提议游戏、决定游戏的过程。在这种关系中,不使用直接表达上下级关系的命令形,而是频繁使用缓和上下级关系的提议"let's(让……吧)"或"we(我们)"。

　　Sharon：Let's go around Subs and Suds.(让我们去萨布斯 & 萨尔斯那儿吧。)

　　Pam：Let's ask her "Do you have any bottles."(问问她看"有瓶子吗"。)

　　另一方面,在多人一起玩耍且有领袖的男子团体中却使用强调上下级关系

的攻击型命令形。

> Michael：Give me the pliers!（给我钳子！）
> Poochie：（动作：给迈克尔钳子。）

也就是说，女子形成非阶层性团体多用柔和的提议，而男子形成阶层性团体结构使用强调地位差异的威压型命令形。

（二）女性友人间的合作性会话

命令形中观察到"女子更为平等的会话"，这与在成人女性友人间合作性会话中观察到的一致。科茨观察了女性友人间会话中的话题展开、随声附和等简短应答、担负情绪性意思的语言要素、发言的重叠等四个方面。他的研究结果显示，会话具有"会话的参与者相互合作构建共同意思"的特征（Coates，1988：118）。女人的会话具有以下特点：通过随声附和与提问积极促使说话者发言，协助说话者展开话题，不是争抢话轮而是分享。不仅如此，听话者通过让说话者完成发言并不断重复，从而与说话者合力建构会话。

在这个过程中以下几点得以阐明。第一，莱考夫为"女性的语言不具有说服力"而列举的女人措辞的特征，在以维系人际关系为目的的私人会话中发挥着有效作用。第二，异性间会话的研究所表明的为了掌握会话的主导权而使用的相同"插话"等语言手段，在女性会话中发挥着与之完全相反的却促进相互发言的合作性效果。下面，我们具体探讨在情绪性语言要素中的"弱化表达"与"重叠"。

① 弱化表达

所谓情绪性语言要素（epistemic modal），是指"Perhaps she missed the train"中的"perhaps（也许）"这种对"她没赶上电车"这类命题中有关说话者很确信的表达。情绪性语言要素包括"弱化表达（hedges）"和"强化表达（boosters）"。"弱化表达"有"I think（我想）""sort of（像……）""probably（可能）"等。莱考夫认为这些"弱化表达"使得女人的发言丧失说服力，但是这些要素在女人会话中的使用，与其说弱化了说话者的主张，不如说降低了由于主张过于强烈而压制听话者发言的可能性。

② 重叠

女人会话中发现的"重叠"多种多样，正如下述"听话者让说话者完成发言的重叠"，我们也发现了作为说话者与听话者协同建构会话手段的重叠。

B：I just thought if the car breaks down on the way home... I mean I'll die of fear, I'll never get out, I'll just...

（如果回家途中车子坏了就恐怖死了，无法外出，只能……）

E：Just sit here and die.

（只能，坐在那里，等死）

相较男人，女人的会话更具有合作性。这个结果，同样可在幼儿园的孩子（Sheldon et al.，1994，1998），小学四五年级的学生（Hughes，1988），以及高中生（Eckert，1990）等群体中见到。在新西兰（Pilkington，1992，1998）也发现了相同的结果。

（三）称赞语——礼貌表达

我们在第二章提及的"女人的发音更标准"这个倾向促成了更为广泛地验证"女人更为礼貌的语言行为"的研究。要验证"礼貌性"，除了语言所指的内容（指示性语义），还有必要将说话者通过语言所表达的情感（情绪性语义）作为研究课题。这种"情感"中包含着说话者对听话者和话题的上下关系、亲疏关系和场合正式与否，可以将各种语言表达作为"礼貌表达"来考察。

此外，不仅是表示敬意，对对方表示好意也包含在"礼貌性"中，将"礼貌表达"的研究范围飞跃性扩大的是布朗和莱文森的"礼貌原则"（Brown et al.，1987）。无论是谁都有"不希望被人强迫"和"希望被人赞赏"的心情。从与人的面子的相关性来看，"不希望被人强迫"是"消极保持面子的必要性"，而"希望被人赞赏"是"积极保持面子的必要性"。与"不希望被人强迫"这个必要性对应的是"消极的礼貌"，而与"希望被人赞赏"这个必要性对应的是"积极的礼貌"。比如，用"可以帮我打开窗吗？"这种询问的方式替代直截了当的"打开窗"，就是考虑到对方"不希望被人强迫"的"消极礼貌表达"。这相当于以往被称作"敬语"的范畴。另一方面，用赞赏对方发言正确的"您说得极是"来替代接受对方发言的"知道了"，就是"积极礼貌表达"。与此相反，不顾及他人面子的行为是"威胁面子行为（face-threatening act）"。

霍姆斯检验了新西兰各种"礼貌表达"，他的研究显示，女人比男人更重视情绪性语义，更为礼貌（Holmes，1995）。另一方面，比起会话的情绪性语义，男人更倾向于重视信息内容。在私人会话中，男人不像女人那样努力促进会话的进行，但在公众场合，男人积极努力发言。与女人相比，男人较少"同意"，不缓和自己的主张而多进行反驳。下面,我们分析霍姆斯研究中的"称赞语"的例子。

所谓"称赞语(compliment)",是指像"你的胸针真美啊!"这种用语言赞美对方的行为。称赞语与其说是传达发话内容信息,不如说是承担着与会话参与者的感情和关系相关的情绪性语义的语言行为,是有关听话者的"希望被赞赏"这种积极必要性的"积极礼貌"表达。

"称赞语"与说话者和听话者的上下级关系、亲疏关系强有力地结合在一起。几乎所有的称赞语都在对等的人际关系中被使用,起到强化称赞者与被称赞者"连带"的作用。两者之间存在权力关系时,往往是强者称赞弱者。如果学生称赞教师"老师,您学习真好啊!",教师可能会苦笑。称赞语如果不考虑合适的上下级关系和亲疏关系也可能会成为"威胁面子的行为"。

霍姆斯调查研究了从新西兰的自然会话中撷取的 484 个称赞语。他的研究结果显示,在称赞语的频率方面"女人→女人"最高,其次依次是"男人→女人""女人→男人""男人→男人"(Holmes,1995:122)。

称赞语所使用的句法结构中也可见性别差异。男女双方均频频使用的是诸如"That coat is really great.(那件外套非常好)"这种"名词—be 动词—形容词"的结构,在频率较低的两个结构中也发现了性别差异。女人比男人多用的是"What lovely children!(多可爱的孩子们啊!)"这种拥有感叹句序的结构,而男人比女人多用的是"Great Shoes!(好鞋!)"这种最简略的结构。女人使用称赞语中强调"赞赏"作用的结构,而男性多用控制在最小限度内的结构。

在称赞语的内容和对称赞语的反应中也可见性别差异。有 57% 的对女人的称赞语是与"外形"相关的,而男人则只有 36%。对于他人称赞的反应,大多数男女都回答"谢谢"来表示"接受"。但是,女人也会使用"Oh no, it's a mess really(没有这回事儿,实在是有点乱七八糟)"这种"否定"表达,而男人也会采取改变话题或无视赞美的"回避"方式。

以上这些差异表明,男女在称赞语的接受方式上有所不同。女人将称赞语视为加强连带关系的积极礼貌,而男人重视称赞语的信息内容,可能将称赞语视为对方通过称赞语给自身做的某种特定判断。因此,采取改变话题或无视赞美的方式,回避对方的判断带来的是潜在的威胁面子的行为。"男→女"的称赞语位列第二,是因为男人也知道女人将称赞语视为"赞赏"吧。

称赞语的频率与反应,因文化不同而大相径庭。在日本,称赞语也发挥着和谐人际关系的重要作用。但是,我们尚未发现有关称赞语的日语研究。我们认为,在日本,称赞语的使用频率要远低于英语圈国家。即便被他人称赞,日本人也往往会说"没有这种事儿"来否定吧。笔者也曾在加拿大的保育园被一名正在荡秋千的 4 岁女孩称赞"桃子,你的口红真好看!",当时笔者也是无言以对,不知该如何回答。

(四)男人间的会话

男人之间的会话,虽然有时会互相"咒骂",但当某个人发言时其他人一般会倾听,所以"重叠"少。也就是说,拥有连续"独白"的特征。

皮尔金顿调查了在新西兰面包房工作的女人之间和男人之间的会话(Pilkinton,1992)。他的研究结果表明,男女之间存在以下差异:女人使用为促进话题展开的积极礼貌的语言手段,而男人没有要协助说话者的情况,说话者对此也毫不在意。正如迄今为止的研究所表明的,女人间的会话具有以下 4 个特征:①多用缓和自身主张的"弱化表达";②使用促进说话者发言的"随声附和"和"重叠";③用最小限度的"停顿"相互发言,共同完成相互发言;④通过重复对方的发言以示赞成。她们不是争抢话轮而是相互分享,通过积极展示有兴趣倾听对方的谈话这种"共同作业"来建构会话。

另一方面,在同一面包房工作的男人之间的会话具有以下 4 个特征:①沉默或发言的时间过长;②长时间的独白;③显而易见的反驳;④突然的话题转变。

男人间会话的显著特征是,即便在一起也不说话,沉默时间多。即便是在交谈,会话过程中的"停顿"之长是女人之间的会话中难以见到的。在期待听众的反应而提问时也是如此,往往即便提问了却谁也不回答。即便谁都不随声附和或不回答,男人也会继续发言。

此外,在男人间的会话中,男人经常直接表达反对意见或敌意。他们向对方提问、否定对方、反对对方、批判对方。下面是一组有关苹果是放在篮子里还是箱子里的会话。

RAY：Crate!（篮子!）

SAM：Case!（箱子!）

RAY：What?（什么?）

SAM：They come in cases; Ray, not crates.（放在箱子里,雷,不是篮子。）

RAY：Oh, same thing. If you must be picky over every one thing.（不是一样的嘛。不要纠结于这些小细节。）

SAM：Just shut you fucking head，Ray！（闭上你的臭嘴！雷。）

RAY：Don't tell me to fuck off，fuck...（我可不想被傻瓜说成傻瓜……）

SAM：I'll come over and shut you.（我会让你闭嘴的。）

JIM：（一边笑一边低声说）Yeah，I'll have a crate of apples，thanks.（好，我有一篮子苹果。）

RAY：No fuck off Jim.（你真啰嗦，吉姆。）

JIM：（A dozen...）（一打……）

DAN：（忍俊不禁地）shitpicker！（拾便器！）

RAY：（边笑边对没插话的其他人说）I'm sorry I yelled at... What's your name？（不好意思不好意思，你的名字是？）

（Pilkinton，1992，1998：265）

这组会话显著体现了男人会直接反驳并强烈批判对方的特征。第 4 句、第 6 句、第 10 句直呼攻击对方的名字加强批判。最令人感兴趣的是，会话的参与者非但不介意这种非合作性会话反而乐在其中。比如，第 13 句中雷一边笑一边询问与他人完全无关的话题。像这种话题的突然变更也是男人会话的特征。

如此，男人会话具有较多沉默或较长"停顿"，谈话会突然中断，刚开始激烈的对骂又突然转移到下一个话题等的特征。几乎看不到可以达成连带感或亲密度的积极礼貌，既没有可促进说话者发言的随声附和反应，也没有对说话者展开话题采取合作态度。他们直接反驳、互相批判。男人在会话中相互咒骂可加强连带感，破坏礼貌规范，拥有较高价值。而且，即便听话者都没有反应、没有发现他们，男人也能长时间自言自语。

科茨对 20～40 岁受过高等教育的白人男性的自然语言进行了观察（Coates，1997）。他的研究也显示，男人具有独自持续演讲的倾向。男人间的会话"重叠"少，会话内容也不是谈论自身之事或表露情感，主要以非个人的信息为主。对话中比较典型的是，男人依次通过独白提供自己所擅长领域的信息。换言之，他们通过"扮演专家"来推进会话的进展。当某个人独白时其他人成为尊重专家发言的听者，因此重叠少。

连续独白显示，意见或想法被视作从属于说话者个人。在男人间的会话中，我们也发现如下表示"想法"为个人所有的表达："我也赞成约翰。（I agree with John.）""你这么说太好了。（I'm glad you said that.）""你的意见……（Your point...)"这显示男人间的会话与女人间的会话有着巨大差异,女人往往通过共同建构会话从而让所有参与者畅谈想法。

这种会话形式,与男人间的友情有着密切关系。对于女人而言,会话在确认友情关系上拥有重要意义。一位曾被问及"与朋友做什么"的女人回答道:"也没什么。一般多说说话,说话。"(Coates,1997:125)另一方面,男人通过共同活动来确认友情关系。"我们男人才不会像妻子和她的女性朋友那样。虽说如此,并非没想着彼此。只是不同而已。我们通过球拍来表达友情。"(Coates,1997:125)女人在会话中通过相互共享个人情感来确认友情关系。而男人即便不谈论私事也可以确认友情关系。一位曾被问及与好友之间关系的男人回答道:"我认为我们相互非常开放。一般谈论的都是性、赛马、枪,以及军队话题。"(Coates,1997:119)白人中层男性通过会话表达友情的方法与女人大相径庭。

基于以上这些研究,男女会话的目的和方法不同这个认识得以普及。女人重视促进参与者的连带感和联系,因此使用可充分活用会话情绪性功能的方式。而男人追求会话中的地位确认及显示谁上谁下的作用,因此比起情绪性功能,他们更加重视指示性功能。这个差异被称为女人的"合作性会话"与男人的"竞争性会话"。

四、对"合作性会话"与"竞争性会话"这种二分法的批判

但是,通过上述研究结果我们也发现,如果认为男女只能各自进行"竞争性会话"和"合作性会话",那么就大错特错了。古德温曾指出孩子团体中命令形方面存在男女差异(Goodwin,1990),他也举例说明女孩也会与对方吵架、命令弟妹、在过家家游戏中扮演母亲或老师时使用威压型命令形,可以说女孩通过使用提议形建构平等的团体关系(Goodwin,1880:172)。皮尔金顿报告的"相互咒骂"的面包房男人间的说话方式与科茨报告的"成为相互独白的听者"的受过高等教育的白人男性的说话方式,也揭示了即便是男性,说话方式也不尽相同的事实。巩特尔分析了中国学生与德国女性心理咨询师的会话(Günthner,1992,1998)。他的研究表明,德国女性心理咨询师对中国学生使用了所谓的"竞争性会话"的既直接且具有攻击性的语言手段,合作性与竞争性并非与女人和男人直接关联。此外,谢尔登和约翰逊调查了3~5岁幼儿园小朋友在意见相左时的表达方式(Sheldon et al.,1994,1998)。他们的研究表明,女孩和男孩都会根据会话目的和结构使用"合作性会话"和"竞争性会话",他们提出脱离性别目的的"双

重男孩"与"单一男孩"的用语。

卡梅伦分析了 5 位美国大学男生的会话（本书第六章将详细介绍）（Cameron,1997）。她的研究表明,在男人会话中也有弱化主张的"you know(你知道)"或"like(像……)",有着通过完成说话者的发言、重复对方的发言、用"yes(是,对)"和"that's right(那是对的)"来表达积极的赞成的态度的特征。她指出,本来将会话方式分成"合作性"与"竞争性",再将它们与说话者的性别相结合就是一个问题。如果仔细考虑,那么其实无论什么会话都具有合作性侧面和竞争性侧面。共同进行会话就是合作性,而无法同时发言就是竞争性。合作性或竞争性会话特征共同存在才自然。有时也会一边争夺发言权,一边朝着共同目标前进。一般认为,女人的合作性会话更重视"人际关系",在女人团体里考虑对方的立场可以认为是在团体内"地位"的提升。

将两者与性别一一对应结合,不仅助长了性别的二元对立,也在视作性别给予语言行为的影响最大这一点上,拥有看不到语言行为在与各种因素相互作用的同时被建构的过程。

本章所回顾的话语分析,在以女人间会话为对象这一点上,可以说比固执于语言的性别差异的"性别差异研究"更进了一步。但是,女人间会话的研究并未与阐明女人的多样语言行为相结合,反而让"合作性会话"与"竞争性会话"这个基于性别的二分法一般化。这令人非常遗憾。

"合作性会话"与"竞争性会话"这种二分法存在的问题早就被学者所批判了（比如,Cameron,1985）。但是,正如下一章所论述的,这个二分法成为"文化差异模型"的依据。

　　＊为希望进一步学习的读者提供的参考文献

　　关于话语分析的研究有:Coulthard(1977)、Maynard(1997)、佐久间等(1997)、桥内(1999)、好井等(编)(1999)。总结概括了"插话"研究的有 James & Clarke (1993)。日语"随声附和、插话、话题、提问"的先驱性研究是江原等(1984,1993)。也可参见山崎、江原(1993)的再解释。有关日语敬语的研究有:Ide et al.(1986)、Smith(1992)。将布朗和莱文森的"礼貌原则"的普遍适用性与日语相对照进行研究的是 Tannen(1994)和 Matsumoto(1988)。使用民族学方法论研究会话这种相互行为和性别范畴关系的是山崎(1994)。

第四章 "语言与性别研究"的三大模型——"支配模型""文化差异模型""劣质语言模型"

随着研究成果的不断累积,人们开始渴望一个探究语言与性别关系的统括性框架。以基于"男女的会话目的和方法不同"这个认识提出的"文化差异模型(difference model)"为契机,包含男女的权力关系的研究被重新作为"支配模型(dominance model)"来看待。与此相应,莱考夫的主张被重新解读为"劣质语言模型(deficient model)"。作为语言与性别研究的三大模型,这些模型被研究者们所讨论、研究(Cameron,1995a:33,1996:39;中村,1997)。

这三大模型,现在无论哪一个都被视为不足以整体看待语言与性别的关系。我们有必要将这些模型指出的语言与性别的关系结合起来。因此,了解这三大模型以怎样的视角看待语言与女性的关系,以及三大模型各自存在的问题,对我们理解之后的"语言与性别研究"框架是不可或缺的。我们将在第五章之后的章节探讨这些问题。

所谓"劣质语言模型",是指以下观点:女人的说话方式缺乏说服力,是低劣的说话方式,女人作为语言的使用者是低劣的。"劣质语言模型"是将莱考夫的主张作为模型重新探讨的概念(Lakoff,1975)。关于莱考夫的主张我们在第一章已经详细论述,此处不再赘述。下面,我们具体探讨"支配模型"与"文化差异模型"的主张,以及对这两大模型的批判。

一、何谓"支配模型"

所谓"支配模型",是指社会宏观层面的男性支配也适用于会话层面,与男人会话时,女人作为弱者与作为强者的男人接触,男性支配在各个语言行为中被模式化且被重复再生产。"语言成为帮助具现、普及包括两性间不平等的所有类型的不平等的要素。这成为帮助和维持更大政治、经济结构的微观政治结构之一。"(Thorne et al.,1975:15)这个模型的提倡者包括我们第三章探讨过的、进行异性间会话研究的齐默曼和韦斯特、韦斯特和齐默曼,以及费舍曼(具体研究详见 Zimmeran et al.,1975;West et al.,1983;Fishman,1983)。

二、对"支配模型"的批判

(1)性别关系并非仅用权力差异就可以探讨

决定性别的并非只有权力关系。根据"支配模型",由性别所引起的语言行为的差异均由男性支配这个观点来解释。但是,性别与人种、年龄、职业、地域等各种因素密切相关,所有的男人支配着所有的女人这种主张是欠妥的。

加西亚分析了离婚调解的会话,比较了调节者对夫妻双方哪方使用更多的号召(Garcia,1998)。他的研究结果显示,对丈夫的号召(70%)高于对妻子的(30%)。根据支配模型,这个差异可用性别的权力关系来解释说明。换言之,调节者更多号召有权者的丈夫的结果使得丈夫方发言更多。但是,如果用考虑到会话整体结构、调解制度当中调节者所发挥作用的会话分析的框架再次分析相同数据,我们发现,这个差异几乎都是为了促使会话不积极的丈夫进行应答以便确认其回答,这样做只不过是尽量发挥作为一名公平公正的调节者的作用而已。

(2)权力结构与会话结构的关系不明确

"支配模型"所设定的宏观权力结构与微观会话结构的关系不明了。社会的男性支配是如何影响我们的私人会话和初次见面者之间的会话的呢?因为这一点尚不清楚,所以虽然"支配模型"早就被提出,但并未像文化差异模型一样被一般大众所认可。

(3)调查方法不严密

在会话中关于哪些被视为"重叠",哪些被视为"插话"的规定不严密。此外,关于特定的"插话"在会话中发挥何种作用的规定也不严密(James,1993)。

(4)"短时一位说话者发言"这种会话模型并非万能

多数"支配模型"以"短时一位说话者发言"为会话模型,这种会话适用于有主持人的公开会议,但在受"支配模型"作用的校园或家庭会话中一般多为短时多人谈话。

(5)会话要素所发挥的功能并非只有一个

"支配模型"将"插话"在会话中发挥的功能作为"会话的支配"来对待。但是,也有"复数说话者同时建构"会话的形式,在这种会话中"插话"也作为"较长的随声附和"起到推进会话顺利进行的作用。在斯彭德看来,女人与语言的典型关系——"女人的沉默",与在异性间会话中男人对女人提出的话题的"沉默",两者即便同为"沉默",它们发挥的功能却完全相反。前者是指女人无法发言,而后者是指男人不反应而将女人的发言拦腰斩断。"插话"与"沉默"不是同一功能(Tannen,1994)。

三、何谓"文化差异模型"

所谓"文化差异模型",是指将性别引起的语言行为的差异作为文化差异来看待的想法。对于会话的目的和方法,男女拥有不同的下位文化。这个模型将性别引起的语言行为差异作为跨文化差异来看待,并试图解释说明男女交际中的"误解"。关于这个模型,莫尔茨和波卡与坦嫩的研究(Maltz et al.,1982;Tannen,1990)具有代表性。

(一)男女的不同下位文化——莫尔茨和波卡

莫尔茨和波卡(Maltz et al.,1982)基于甘柏兹(Gumperz,1982)的不同人种间的交际模型,重新解释了迄今为止的会话研究结果。当时的前提是,"女人与男人在同一种文化中建构社会语言学性不同的下位文化"的想法。他们认为男女在这些方面掌握了不同的方法——女人与男人以何种目的进行会话?依据何种规则进行会话、解释会话? 女人和男人在各自的下位文化中,会话的目的、规则、解释方法不同,即便长大成人,男女也保持着这些差异。

这种差异,在成人男女的会话中会引起"误解"。比如,对女人而言,"随声附和"还意味着"我听着呢,请继续",而对男人而言,则意味着"我理解你的发言,赞成"。如果男女用这种不同的含义进行会话,那么女人使用"随声附和"明明表示"听着呢",但男人会以为"对方赞成自己"。因此,在会话结束后如果女人表示反对意见,那么男人就无法理解。另一方面,男人如果不赞成,那么就不会像女人那样"随声附和",所以女人就会觉得男人没有在听自己的发言。此外,由于会话规则而引起的男女间"误解"有以下几点:①提问是为了促进会话,还是寻求信息? ②对之前的发言表示尊重,再开始发言,还是唐突地开始发言? ③咒骂表达是攻击,还是促进会话的手段? ④是不断转换话题,还是结束一个话题后贸然转换到下一个话题? ⑤对于商议,是共有烦恼,还是给予建议?

(二)女人会话与男人会话的差异——坦嫩

将莫尔茨和波卡的建言发展壮大的是坦嫩。坦嫩认为,如果将男女说话方式的差异视作文化差异,那么就如同文化难分伯仲一般,女人与男人的说话方式也无法说谁好谁坏(Tannen,1990)。无论哪一方都是被认可的说话方式,但是,因为两者有所不同,所以会话时会产生"误解"。既然改变自己的说话方式很难,那么为了消除这种"误解","……学习解释双方信息的方法,用对方能理解的形式自己解释信息"(Tannen,1990:297)尤为关键。

因此,坦嫩为了能将男女之间的误解作为"说话方式的差异"向对方说明,她举了各种我们日常体验的例子来说明男女说话方式的不同。

女人进行会话的目的在于,确认与对方的"关联",表达与对方的"亲密"。因此,倾向于强调与对方"相同、对等"。如果将通过会话传达的东西分成"信息(message)"和"隐含的信息(metamessage,即与对方的关系,发言起何种作用)",那么在女人的会话中隐含的信息更为重要。即使听了他人的发言,比起内容,人们更希望找出说话者是如何看待自己的,他通过发言想要做什么等信息。

另一方面,男人进行会话的目的在于,夸示自己的"自立性"。为此,男人会强调与对方的"差异",在上下关系中清楚地表明自己是"上位"。为了这种目的,比起会话的隐含信息,掌握他人不知道的信息(message)更为重要。在解释他人的发言时,男人对信息有所反应。

如此,女人与男人会话方式的差异表现在安慰/解决问题、亲密/信息、聆听/演讲、私人/公开、关联/地位差、合作/竞争和依赖/自立,坦嫩用这个框架解释了众多"误解"。

比如,做过乳腺癌手术的妻子向丈夫倾诉烦恼,丈夫回答道:"如果你这么在意,那么做个整形手术不就行了嘛。"可是,妻子却很失望地说:"你居然让我再做一个手术!"这个例子就是"安慰/解决问题"这一差异引起的误解。对身为男人的丈夫而言,重要的是会话的内容,因此给予妻子解决烦恼的必要"信息"。但是,妻子寻求的是安慰,如"我很理解你的痛苦,我也感同身受"。

此外,坦嫩对于男人为何在家庭中不太发言的问题也做了如下解释。对于妻子而言,会话是与对方确认"亲密"的手段,因此丈夫发言是丈夫感情的证明。所以,妻子会对一言不发的丈夫感到不满。但是,对于丈夫而言,家庭是无须夸示自己处于"上位"的场所。在家庭之外总是通过会话打拼的丈夫,希望至少在家中可以缄口不语。

最后,"为何男人喜欢演讲"?为何如果有5个女人1个男人,那么5个女人就会成为1个男人演讲的听众?对于这些问题的解释如下。确实,男人习惯于夸示自己的"信息",这是由男女对"成为听众"这件事的不同认知所引起的现象。

男人认为拥有值得一提的信息是显示自己比对方"上位"的手段。因此,对于男人而言,"成为听众"意味着服从对方。另一方面,女人认为对等的会话是标准。因此,对于女人而言,会话的参与者互为"听众",不存在服从不服从的问题。结果就是,女人一边聆听男人的演讲,一边在想究竟什么时候轮到男人成为"听众"呢?

四、对"文化差异模型"的批判

"文化差异模型"经历了各种批判,在这个过程中有关语言与性别研究的几个重要理论问题得以确认。在此,我们整理了 6 个。

(一)未言及社会的男性支配结构

对"文化差异模型"最大的批判,即模型通过引进由下位文化间差异引起的"误解"框架,将男女间的会话问题作为个人的意图或解释。根据"文化差异模型",在不同下位文化下成长起来的个人依据各自文化的说话方式和规则"解释"对方,因此交际不能顺畅进行。要想解决这个问题,只能采取个人学习对方说话方式的私人解决方法。但是,这会导致,超越个人意图、影响结构性交际的社会男性支配未被视作问题。内田指出,"文化差异模型"将"支配"的概念替换成解释的问题(Uchida,1992:559)。所谓"文化差异模型"中的"支配",是指接触男人说话方式的女人将"支配"解释为"男人试图支配",并作为"解释"的问题来看待。这是一种如果不解释为"男人试图支配",那么也不会生气的理论。但是,如果思考为何男人的说话方式重视"自立性"与"上位",那么就会发现对于女人,男人的说话方式特征是"强权者的说话方式"。"随声附和"滞后、将发言拦腰斩断、提问不是"促进"而是用于请求提供信息、不尊重他人发言插话、攻击性地发言、突然变更话题、不共同分担他人的烦恼而是给予建议,"都可以说他们的说话方式不是中立的而是非常不合作、让会话混乱的说话方式"(Henley et al.,1991:29)。男人对女人使用这种说话方式,也许是因为男性支配的权力结构允许男人使用这种说话方式。

卡梅伦认为,是否将性别的支配关系用于发言的解释中是行为者的战略性选择,她将男女的"误解"再定义为这种相互行为中的"斗争"(Cameron,1998a)。比如,丈夫问妻子"Is there any ketchup, Vera?(有番茄酱吗,薇拉?)",妻子给丈夫取番茄酱。像这种间接依赖表达有两种解释的可能。其一,可单纯解释为

"有番茄酱吗?"这个问题,回答"在冰箱呢"即可。这个层面的解释无关性别。其二,可解释为"帮我取一下番茄酱"这个命令,如果这里加上"在开始吃晚饭之前丈夫对妻子说"这个特定的状况,那么就需要"在异性婚姻中妻子服侍丈夫"这种有关社会性别关系的意识形态了。回答"在冰箱呢"时,妻子战略性不读取性别关系,从而拒绝成为"服侍丈夫之妻"。另一方面,后者则通过成为"服侍丈夫之妻"对异性婚姻的权力关系予以再生产。如何选择是"个人"的判断,但将"妻子服侍丈夫"这种意识形态带到解释中来的是"社会"的性别权力关系。

(二)以未经验证的假说为前提

"文化差异模型"成立的前提是下述未经验证的假说。

(1)女子和男子形成各自不同的下位文化

在现代这种男女共同活动的社会,可以区分被称作各自不同"文化"的明显不同的世界吗?

(2)女子和男子在孩提时代从同性朋友处学习各自的说话方式

果真如此,为何女子中有人会自称"僕(我,boku,日语男性第一人称代词)"?

(3)男女不知道彼此的说话方式

莱考夫曾指出,女人必须是掌握了男女各自不同说话方式的双语使用者。

(4)人们在幼儿期掌握的说话方式在成人之后也使用

莫尔茨和波卡也认为这个前提是错误的,他们指出,"至少性别导致某些行为的差异最显著的是在幼儿期,成人之后亲密会话方式显示了克服幼儿期若干特征显著的性别差异文化模式的过程"(Maltz et al.,1982:215)。

(5)人们在同性间掌握的说话方式在异性间也使用

说话者的说话方式并非一成不变,其中,"说话者的性别"是说话者改变说话内容和方式的一大要因(Crosby et al.,1977)。

(6)异性间的会话与跨文化间的会话相同

甘柏兹的跨文化研究是"文化差异模型"的框架原型。他的研究采用了印度移民与英国官员会话这种以支配关系为主的模型,而"文化差异模型"描述了"女人的说话方式也与男人的说话方式同等正当"的平等论,完全未涉及支配关系。

(三)固定对待性别身份与语言的关系

所谓性别身份,是指作为女人或者男人的身份。"文化差异模型"假定孩子将自身认定为女孩（或男孩）后，在与同性伙伴玩耍时掌握符合各自性别的说话方式。首先，我们认为，人们在性别身份确定之后采取符合其身份的说话方式。然而，近年的性别身份概念的主张完全相反，"我们是在与人的交往过程中确立身份，而并非先确立身份"（Cameron，1996：45）（详见本书第五章）。

（四）用"文化差异模型"的方法无法解决女人的问题

"文化差异模型"主张，男女的说话方式虽然不同但都是正当的说话方式，如果相互了解对方的说话方式就可以减少"误解"。认为女人的说话方式也是正当的这一点值得庆幸，但事实上众多文化都根深蒂固地认为女人的说话方式是脱离了（标准的）男人说话方式的形式。因此，深受异性间会话问题困扰的不是男人而是女人。但是，我们很难认为男人会主动改变自己如今的说话方式。"男女相互了解彼此的说话方式"这种解决方案，事实上也只是女人学习男人的说话方式，且只有女人应对彼此的误解。男女交际的问题，最终是女人单方面做出各种努力。

（五）仅强调"差异"的相对论，它未能提及歧视

与支配结构相关，必须指出的是语言学的相对论问题。随着社会语言学有关标准形与非标准形研究的推进，非标准形拥有独特体系这一情况得到证实。比如，黑人英语有着与白人中层英语不同的独特体系。因此，被人们广为接受的是"相异但平等"这种相对论。黑人英语虽然与白人英语不同，但它作为拥有自身独特体系的语言变异受到尊重。如果有人歧视黑人英语，那么这是因为他们没有接受"差异"。

"文化差异模型"的立场与此基本相同。女人与男人的说话方式虽然不同，但都是满足各自下位文化的必要性而存在的正当的说话方式。如果女人的说话方式受到歧视，那么这是因为人们没有接受这种差异而产生的。因此，"文化差异模型"主张男人与女人通过接受彼此的不同从而解决歧视。

但是，有人认为，"歧视"并非产生于"差异"，而是"因为歧视才制造了差异"。相对论认为，因为与男人不同，女人的说话方式才被视作"劣等"。那么，为何男人的说话方式也与女人不同，却没被视作"劣等"呢？再则，如前所述，如果认为女人重视"联系"而男人展示"上位"这一事实并非偶然，而是受到社会的男性支配的影响，那么只有"差异产生于不平等的性别关系这种脉络"（Cameron，1996：44）才能解释说明。换言之，让女人只参与重视"联系"的私人会话与让男人参与

重视"上位与否"的公众会话的不平等产生了某种说话方式的差异。如果歧视产生了差异，那么"两者只是有所不同但都是正当的说话方式"的观点无法阐明歧视结构。

（六）"文化差异模型"所提出的男女交际的解决方法是反女权主义的

"文化差异模型"提出"如果男女承认彼此的说话方式，学习彼此说话方式的差异，那么可以解决男女交际中产生的误解"。这种解决方法，在语言研究对女权主义运动所应发挥的作用这一点上受到批判。

坦嫩的著作浅显易懂地解释了"文化差异模型"，该书受到了备受不同说话方式困扰的女性欢迎，作为语言学书籍罕有地成为畅销书（Tannen，1990）。但是，"文化差异模型"在面向普通大众的启蒙书中出现且为大众熟知的过程中，以"男女交际的问题，如果每个男女理解对方的说话方式就可以解决"的形式得以普及。男女的差异被视作可以个人解决的问题，这与认为"个人的即政治的"的女权主义的命题截然相反。也就是说，女权主义认为女人面临的各种问题并非个人的问题，而是应该作为社会性别支配关系这种政治问题予以解决。而且，这种想法还得到了语言学家的研究证实，它的普及甚至可能让之前的女权主义运动化为乌有。对于试图努力将社会作为男性支配的结构重新审视的女权主义者而言，"文化差异模型"是"只关注男女说话方式的差异而未提及男性支配的非政治性论点，它的畅销使问题倒退到将女人面临的问题视作个人问题的女权主义之前的状态"。就这层意义而言，"文化差异模型"是"以非政治为卖点"（Troemel-Ploetz，1991），"是对女权主义的倒退"（Freed，1992：144），因而受到批判。对此，坦嫩反驳称，女权主义和男性支配并非自己的研究领域，自己只不过是将迄今为止的研究结集出版而已（Tannen，1992）。

"文化差异模型"以强调个人解决的形式传播，不仅由于"文化差异模型"本身没有提及男性支配的社会结构，而且还由于社会上倾向于将性别差异视作"差异"。正因为认为男女之间的误解是由于男女自身没有意识到与生俱来"差异"，所以告诉人们这种差异的研究才会大受欢迎。对于"文化差异模型"的批判（二），虽然发现这个模型以六个未经验证的假说为前提，但是"文化差异模型"仍旧获得支持，这说明社会上存在认为这些假说是理所当然的土壤。如果意识到这一点，那么就会明白女权主义的批判意义了，他们认为应该考虑到研究结果对一般图书的影响。这是因为考虑研究结果对社会的影响，也就是"语言与性别研究"中社会对"性别"的看待方式，即它的研究对象囊括与性别相关的意识形态。

笔者将这一争论解释为,这是女权主义对"语言与性别研究"的强有力的支撑。"文化差异模型"的众多研究是满足语言研究条件、具有极强说服力的研究。如果没有女权主义的批判,那么"语言与性别研究"已经稳固了吧。但是,通过女权主义的批判,我们发现,即便作为语言研究很出色,但还不足以成为"语言与性别研究"。"语言与性别研究"要求考虑虽未被语言研究作为对象,但成为男女权力构造和社会常识的性别观对语言行为的影响。在这一争论中,可以说女权主义给予了"语言与性别研究"超出语言学的原动力。

五、"支配模型""文化差异模型""劣质语言模型"的共同问题

如果从女权主义的视角再次探讨"劣质语言模型""支配模型"和"文化差异模型",就会发现虽然三大模型各不相同,但实际上有两个共同的课题。

(1)社会结构与语言行为的关系不明确

"劣质语言模型"将男性支配的性别关系视作"社会地位"的差异。"文化差异模型"没有提及性别的支配关系。"支配模型"主张宏观的男性支配的社会结构影响话语这个微观过程,社会结构与话语相互作用是不言而喻的前提,但却没有解释说明它们之间的关系。话语如何支撑男性支配的社会结构,或者如何通过话语改革男性支配的社会结构并使之成为可能?

(2)基于本质主义的性别观

三个模型都以本质主义的二元对立式性别观为前提。"劣质语言模型"将性别视作"性别分工","支配模型"视为"支配关系","文化差异模型"看作"男女的下位文化"。但是,性别分工和男女的下位文化都是在"男女"这种二元对立式生物学性别上加上"女性性""男性性"后的性别范畴。"支配模型"虽然附加了支配、被支配的对立关系,但也是二元对立的范畴。这就是社会性本质主义的性别观。

因此,语言的作用缩小为表达业已存在的二元对立式性别。"劣质语言模型"与"文化差异模型"认为,基于生物学性别的男人或囿于女人这种性别的个人都通过依照各自的规范使用语言来"表达"性别。"支配模型"则认为这一限制可替换成"被支配的性别、支配的性别",男人通过支配会话来"表达"自身是"支配的性别"。

"语言与性别研究"再次陷入在"性别差异研究"中被批判的本质主义。"性别差异研究"中被批判的"男女的发音有何不同"这一问题被以"男女的说话方式

有何不同"的形式多次重复。对于如此反复陷入二元对立式性别观的"语言与性别研究"历史,弗里德感叹道:"'语言与性别研究'的研究者至今仍在讨论 20 多年前关于女性语言的没有实质性结果的内容,这令人非常不愉快。"(Freed,1996:55)

　　超越二元对立的性别观,语言、性别与社会相关联的理论值得期待。作为这种理论之一,下一章我们将探讨成为现今"语言与性别研究"框架基础的"建构主义"。

　　　* 为希望进一步学习的读者提供的参考文献

　　　对于文化差异模型的批判,请参见:Henley & Kramarae(1991),Troemel-Ploetz(1991),Uchida(1992),Freed(1992),DeFrancisco(1992)和 Cameron(1995a,1996)。

第五章 性别(gender)的建构

　　在第四章,我们提到之前的模型受缚于二元对立的性别观,它们无视语言、性别与社会结构之间的关系。试图积极回答这个问题的是被称作后建构主义、后现代、(社会)建构主义(构成主义)的观点。这些理论根据领域、对象、强调的侧面不同而有所差异,但都指出了在支配中意识形态的重要性和意识形态形成过程中"使用语言的行为(话语)"的重要性。这些理论往往多被"后建构主义"这一用语所统括,在本书接下来的讨论中,我们将使用产生于心理学且被众多女权主义理论所使用的用语——"建构主义(constructionism)"。"建构主义"对包括女权主义理论和"语言与性别研究"在内的各种领域产生了重大影响,"语言与性别研究"也极大转换了框架。本章的目的并非解释"建构主义"理论,而是概述这一理论中和"语言与性别研究"相关的部分。

　　此外,作为活用于具体语言分析的框架,本章将对"批判性话语分析"(Critical Discourse Analysis,CDA)进行探讨(Fairclough,1989,1992a)。所谓"批判性",是指探究潜藏在被视为理所应当的事物背后的关系和前提。在这一点上,对于试图揭露与性别相关的"常识、知识、自然"的"语言与性别研究"而言,"批判性"可以说是有益的框架。

一、话语与社会结构的关系

　　所谓"建构主义",是指以下思想:社会中的知识或个人身份并非俨然存在的,而是历史、社会性建构的,在这个过程中语言发挥着重要作用。"语言建构社会"这个主张中的"语言",是指"使用语言的行为(话语)"。这个"话语"的概念,与之前仅仅指"比句子大的单位的相互行为"的话语概念不同,它相当于本书第三章分类的两个"话语"概念中的"社会性实践"。也就是说,它是通过将"使用语言的行为"与社会的权力结构相结合,并设定社会结构与"话语"之间相互影响的关系而成立的。

（一）何谓"话语建构社会"

那么，何谓话语建构社会呢？如果我们从两个视角来看待话语与社会的关系，就会一目了然。即话语建构"知识、意识形态、常识"的视角，以及在话语中我们建构了身份和人际关系的视角（如后所述，两者必然密切相关）。首先，我们从社会中的"知识"是由话语建构的这一视角来探讨这个问题。

我们容易认为，"知识"是指正确反映社会的"真理"。但是，建构主义认为知识也是通过话语建构的。比如，福柯验证了，通过话语建构、历史性累积了的性的相关知识成为社会"常识"的过程（Foucault，1976）。18世纪，发生了公共性卫生问题和住宅问题，于是诞生了"人口"这个概念。为了解决这些问题，国家就有必要控制人口，"出生率""结婚年龄""合法/非法生产""性生活的频率""开始性生活的年龄""避孕""非婚"等就显得重要了。同时，人们开始谈论"性倒错""不自然的性""性的非伦理性"。也就是说，人们开始区分正常（自然）的性与异常的性。于是，人们开始详细考察自己的性行为，开始在意自己是否正常，如果认为自身异常就进行"治疗"。人们开始主动去教会忏悔自己不合伦理的性关系，接受医生的治疗，向心理医生咨询。

福柯阐明了三点。第一，"知识"是对特定事物的口口相传，即通过话语历史性建构的。"知识"（这时，是指"正常的性"与"异常的性"的区别，以及这两者真实存在的想法）并非真理，是在相互对立的话语中广泛普及的、被视作理所当然的特定话语。这是由于这种"知识"被建构时，不区分"正常的性"与"异常的性"。也就是说，所谓"性包括正常的性与异常的性"这个"知识"并非真理，而是即便在有关"性"的众多话语当中，也是通过适合该文化和时代当权者的"话语"所展现的世界观。（"正常的性"与"异常的性"的区别将对性的控制正常化。）如此，即便在相互对立的话语当中，将社会的权力关系正当化的想法就叫作"支配型话语（dominant discourse）"。（但是，福柯强调，并非社会的当权者选择"支配型话语"，而是"支配型话语"成为常识使得特定的权力关系和权力的行使正当化。）

即便在话语建构社会的过程中，最显著的作用之一也是"范畴化"。控制人口的问题首先诞生了讲述性的话语，"性"被分为"正常的性"和"异常的性"。在这个过程中，建构了性"正常/异常"的区别（差异化），以及"正常的性"与"异常的性"这个范畴（范畴化）。"区别"和"范畴"都是由话语历史性、文化性建构的。

第二，支配型话语一旦成为"常识"，人们就拥有主动追随这个范畴与区别的能力。（自己主动在意"异常的性"。）近代社会的特点是，被经济实力、军事实力等所支配,同时"被意识形态所支配"。被意识形态所支配,是指取代打架、威胁等行使权力的方式,通过渗透特定的观点从而使"掌握主导权(hegemony)"成为可能。如上所述,可以通过话语掌握主导权。

结果导致,第三,这个"知识"使得特定集团的权力行使正当化。(牧师、医生、精神科医生"诊断"个人的性是否正常的行为被正当化。)迄今为止,"权力"被视作特定集团"所有"之物。但是,建构主义认为,"权力"并非话语的原因而是结果,是范畴性区分、定义世界或人类的力量。人并非拥有"权力"才支配话语,而是特定的话语建构"知识","知识"使权力行使正当化。

福柯阐明的是,即便是在社会中被视为"正确的知识",也不过是在各种话语的相互对立中产生的某个观点与想法而已,但是虽说如此,它却发挥着将特定的权力结构正当化的作用。

(二)社会结构与话语是相互影响的关系

那么,我们该如何看待福柯指出的这种社会的权力构造与话语的关系呢? 费尔克拉夫认为,话语并非单单反映社会结构,而是建构社会结构,并让社会结构发生变化(Fairclough,1989:38)。从这层意思上讲,两者处于辩证的关系中(图5.1)。

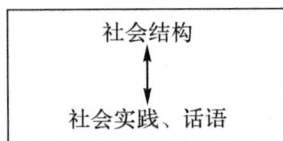

```
┌─────────────────────┐
│      社会结构        │
│        ↕            │
│   社会实践、话语     │
└─────────────────────┘
```

(引自Fairclough,1989:38)

图 5.1

另一方面,社会的权力关系将支配型话语强加于我们,从这层意思上讲,社会权力关系限制着话语。同时,社会关系是由社会实践建构的。而且,话语实践是社会实践之一。使社会的权力结构正当化的支配型话语如果不在话语中再生产,那么社会的权力结构就无法维持。

如此,两者属于相互影响的关系,话语给予社会权力关系的影响大致可以分为两种。其一,追随将社会权力关系正当化的支配型话语对社会的权力关系再生产的情况。比如,在众多社会中,异性恋和同性恋之间存在权力关系,"正常的性"与"异常的性"的范畴化使异性恋者对同性恋者的权力行使正当化,这一范畴化也开始在话语中被利用。笔者在20多年前也曾被同性恋者提问"你也是女同吗?",当时笔者回答道"不,我是正常的"。"正常的性"和"异常的性"的区别在这个话语中被再生产。就追随支配型话语这层意思而言，可以说，这种话语再建构着被支配型话语正当化的社会权力关系。

但是，我们并非总是依照支配型话语进行话语实践的。也有可能会进行破坏"正常的性"和"异常的性"范畴的话语。事实上，正因为进行了这种话语，才能使用"异性恋者"这个范畴。在视异性恋为正常的时代，连"异性恋者"这个词语都不存在。"异性恋者"这个词语表明，异性恋、同性恋和双性恋等都不过是同类性爱的一种形式而已。现在，如果有人问我们"你也是女同吗?"，我们可以回答"不，我是异性恋者"。社会中的异性恋者和同性恋者之间的权力关系也发生了变化。这种话语，不依照支配型话语，它使由于支配型话语而正当化的权力关系发生变化，因此它处在"颠覆"社会结构的关系中。

社会的变化与话语的变化是相互影响而发生的。话语与社会结构的关系，可以认为是不同程度地表达着"再生产"与"颠覆"的两极。

(三)各种层次的"话语"处于何种关系

看到这里，大家可能已经发觉福柯的"话语"概念与在特定情况下我们实际所指的"使用语言的行为"的"话语"概念之间的某种差异。关于"性取向(sexuality)"，福柯认为是"口口相传之事"的历史性累积，是建构关于该话题的某种特定看法的过程。就这层意思而言，也有人认为福柯的"话语"概念是"意识形态"。因此，本书将实际上在特定的情况下使用语言的行为称作"话语实践"。

那么，为何不同的概念都使用了"话语"这个相同的词语呢? 这是因为"意识形态型话语"与"话语实践"密切相关。我们不可能在意识形态型真空的状态下进行话语实践。在我们进行话语实践的社会中，在我们出生之前就已经系统存在各种"话语"，从"支配型话语"到非支配型话语。福柯将这种体系叫作"话语秩序(discourse order)"，"话语秩序"与社会的意识形态密切相关。如果我们要进行"话语实践"，就必须考虑这些"话语秩序"。从这层意思上讲，"话语秩序"是"话语实践"的规范。人活在历史性建构的各种话语当中，通过进入这些话语当中来表达自己。

但是，就"话语秩序"也是由"话语实践"构成的这个意思而言，"话语秩序"也是"话语实践"。被福柯称作"有关性的被口口相传的话语"的各个"话语"，实际上是在特定的状况下实际进行的"话语实践"。就这层意思而言，"话语秩序"是在特定的权力关系中对立的各种"话语实践"被结构化的产物。为了尊重"话语秩序"与"话语实践"是相互构成的这个重要关系，两者都被称作"话语"。

(四)与三个社会层次对应的三种话语概念

如此,对"话语"这个概念设定各种不同的比例可以帮助我们分析复杂交错的语言行为与社会结构,我们可以对应三个不同的社会层次来探讨话语(图5.2)。

社会秩序	话语秩序
社会制度	话语类型
直接的社会状况	话语实践

(在Fairclough,1989:29的基础上稍做修改)

图 5.2

图5.2中有两个对应我们已经探讨过的"话语秩序"和"话语实践"的社会层次。"话语秩序"是指,在特定社会中被传述的话语实践体系,是对应整个社会的"社会秩序"的话语概念。可以在这个层面探究的事物中就有"性别意识形态"。"话语实践"是指,在各个社会状况下我们实际使用语言的行为。与话语实践的生成、解释相关的是有关"直接的社会状况"的要因。比如,早上在车站说的话与晚上在居酒屋说的话,有关话语生成、解释的社会条件不同。

另一个"话语类型"是指,处在"话语秩序"与"话语实践"中间层次的概念,是在学校、家庭、职场、医院、警察、军队等"社会制度"中进行的话语实践。如果是编写的文章,那么漫画、小说、涂鸦、教材等"体裁"相当于"社会制度"。

"话语类型"是个有益的概念,原因有三。其一,这个层次容易探讨权力关系与话语的关系。比如,在"医院"这种制度下,多数情况是医生单方面向患者提问、不听患者的意见就做出诊断(West,1984)。如果使用"话语类型"这个概念,那么在医院这种社会制度中,处于这种"上下关系"中的"医生"与"患者"的主体位置就会规范。

其二,"话语类型"有助于我们探讨各社会制度中规范的宏观话语结构。比如,在"医院",除了请医生看病之外,还包括前台接待、收费、取药等相互行为。不仅这些相互行为的顺序是一定的——前台接待→看病→收费→取药,而且它们各自进行怎样的话语这种宏观结构也是一定的。

援用认知心理学的用语,话语的宏观结构被分为"图示(schema)、框架(frame)、脚本(script)"。所谓图示,是指有关话语活动结构化的框架。在生成解释"大医院的前台接待"这个话语时,人们会援用"告知对方自己是初诊→填写单子→领取诊疗券→前往诊疗处"这个典型的结构化框架。所谓框架,是指将出现在话语中的主题要素结构化的框架。比如,在生成解释"医生"这个主题时,人们援用"穿着白大褂""坐在椅子上""挂着听诊器"等典型要素(prototype),以及根据话语产生的"戴着眼镜""穿着拖鞋"等非典型要素。所谓脚本,是指与话语相关的主体关系,以及将身份结构化的框架。比如,医院诊疗室中的典型话语,是医生与患者这种处于上下关系的主体位置作为规范被生成解释。话语生成解释时,基于形式要素的"由下自上"的读取与基于宏观结构的"由上及下"的读取相互关联。

其三,"话语类型"有助于人们阐明类型间的阶层结构与权力结构的关系。比如,文章的各种体裁形成与权力结构对应的阶层结构,"小说"被认为比"涂鸦"高雅。即便是在解释同一篇文章,判定其是"小说"还是"涂鸦",解释也不同。

与三种社会层次相对应的三种话语层次,使话语既是实践又是规范成为可能。首先,直接的社会状况与各话语相对应。这里我们可以探讨作为实践的话语。其次,社会制度与话语类型相对应。在这个层次,作为语言规范的话语侧面凸显出来。最后,在社会整体层次,迄今为止社会上的各种话语相互关联,并作为整体的话语秩序与之相对应。在这个层次,我们可以探讨话语规范的阶层关系与权力关系的结合(为何在特定的社会状况下,特定的话语类型被视为合适的?)、话语的变化与社会变化的相互关系。

三个话语概念在分析时有区别,实际上"话语类型"与"话语秩序"以给予"话语实践"重大影响的方式密切相关。比如,性别的权力关系,往往对应整个社会的"话语秩序"。但是,这可能也会对"妇产科"这种社会制度的话语实践产生影响。这时,与"妇产科"这种社会制度对应的"话语类型"和有关整个社会性别关系的"话语秩序"均会影响"妇产科"这种社会状况下的特定"话语实践"。

(五)作为社会实践的话语

作为社会实践的话语,我们可以通过三次元来探讨。如图5.3所示。

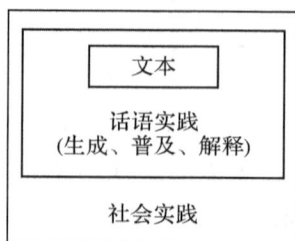

文本

话语实践
(生成、普及、解释)

社会实践

(引自Fairclough,1992a : 73)

图 5.3

首先，"文本"是指由文字、声音等要素构成的集合。"文本"不仅包含书面语、口语等语言，还包含衣服、图像、绘画、舞蹈等所有象征体系（通过它们表意的符号）。"文本"是相互行为的"结果"，如果没有生成、普及、解释该文本的"过程"（即话语实践），那么就无法成为文本。

所谓"话语实践"，是指特定的历史、文化场合中人与人之间相互行为的过程。在话语实践中，文本是信息输出者生成的"痕迹"，它成为信息输入者解释的"提示"。首先，信息输出者在生成文本时解释外界，然后参考这个解释生成文本。因此，文本包含信息输入者解释外界的"痕迹"。另一方面，信息输入者如果仅靠文本的信息就无法解释文本。信息输入者有必要补充文本所遗漏的部分再进行解释。虽然文本是解释的"提示"，但是无法保证所有解释。信息输入者在解释过程中援用的不仅有语言知识（有关词汇、语法结构的知识），还包含自己所居住世界的自然和社会的结构、价值观、信念、前提等。如此，信息输出者在解释外界时利用的、信息输入者在解释过程中援用的自然和社会的结构、价值观、信念、前提是在特定集团共有的话语实践中利用的资源，因此被称作"成员资源（members resources）"。

但是，如果要将语言视作与社会结构中的权力关系密切结合的社会行为，那么仅靠这些是不够的。因此，有必要在社会实践中探讨话语实践。"社会实践"包括关于生成的社会条件、关于普及的社会条件和关于解释的社会条件。这些社会条件使我们在生成、普及、解释时援用的"成员资源"成形，也使文本成形。

二、话语与身份的关系

之前的章节，我们聚焦于话语建构意识形态的过程，并进行了解释说明。但是，话语也建构话语行为者（说话者、听话者、作者、读者）的身份。在话语实践中建构行为者的身份究竟是什么呢？

在话语实践中，身份的建构可视为人与人在相互交集中进行的动态过程。不仅仅是语言，人使用服装、动作、年龄、阶级、性别等社会范畴，在瞬息万变的话语实践中建构丰富多样的身份。这时，与被话语秩序所设定的语言等象征形式结合的社会意义和社会范畴作为资源被使用。同时，在话语实践中，我们通过互相交涉身份的过程，话语秩序中的意义与范畴的关系被再生产，发生变化。下面，我们将使用"主体位置""标示""实践集团"这三个概念来探讨身份建构的过程。

(一)参与话语的"主体位置"

"身份",通常被视为自身内在的、恒久不变的、拥有一贯性的属性。但是,建构主义认为,人通过参与话语来建构身份。若某人要成为"医生",那么就要作为医学院的学生听课、撰写报告、参加考试,然后通过在医院以医生的身份和患者或护士相互关联,即只有通过参与医学的话语才能成为"医生"。这时,身份不是话语的原因而是结果。个人是话语的结果,而不是生产者。并非因为"我"是特定的人才进行特定的行为,而是通过参与特定的话语"我"被创造出来。人扮演的角色并非存在于话语之外的"作者",而是话语的功能。

这种身份概念多用"主体位置(subject position)"来表示。如果将"主体位置"与之前使用的"个人"或"社会角色(social role)"这两个用语相比较,就会比较容易理解。"主体位置"并非让人想起事先存在于人当中的个性或属性的"个人"这个用语,而是表示通过使用"主体"这个用语自己能动地构建多样身份的主体性及拒绝他人给予的身份的革新性。此外,通过"位置"这个用语而不是"社会角色",不仅提示了拒绝他人给予角色的可能性,而且主体分离了在话语中的位置与主体的属性。如果依据"社会角色"的观点,那么因为是女人所以完成了妻子的角色,但是既有女人不在妻子的"位置"上,也有男人处在妻子的"位置"上。

然而,基于"主体位置"开展的论述中,缺乏我们在通过使用语言和非语言的手段相互关联的过程中怎样建构身份这个具体的论述。试图探讨这个关系的就是我们接下来要分析的语言形式"标示"社会意义这个论述。

(二)语言形式标示社会意义

文字、声音等语言的形式要素称作"语言形式"。语言形式表达各种意思,大致可分为内容(命题、外界的事或物)和表达对说话者属性和内容的感情的"社会意义"。后者的意思包含认知态度,即说话者的社会地位和年龄等属性,说话者对"内容"的感情、心情、态度,或者说话者关于"内容"的知识和确信。比如,"今日は暑いわ(今天很热哦)"与"今日は暑いぜ(今天很热哉)"的不同,与其说是传达的"内容"不同,还不如说是有关说话者的情绪和认识的不同,句末的"わ(wa)"和"ぜ(ze)"各自表达"柔和"和"粗暴"的社会意义。

语言形式的这种作用有别于"今天很热"这种"指示(referring)"外界事物的功能,被称作"标引(indexing)"。语气助词"わ(wa)"和"ぜ(ze)"各自"标引""柔和"和"粗暴"(Ochs,1992;汤川,1995)。

"标引"是皮尔士(Charles Sanders Peirce)提倡的符号形式与指称对象之间的三种关系〔标引性(index)、类像性(icon)、抽象性(symbol)〕中的一种。所谓"标引性",如同"烟"这个符号形式告知"火"的存在一般,是指符号形式与指称对象之间的邻接关系。所谓"类像性",是指符号形式与指称对象之间存在类似性关系。如同"笑眯眯"这个符号形式让人感觉笑眯眯的一般,日语的拟声拟态词是典型的例子。所谓"抽象性",是指所有符号形式与指称对象的关系是任意的。称狗为"イヌ(狗,inu)"没有必然性。

在我们的相互关联中,语言形式与社会意义的标引性与认为建构该话语语境的语境观相结合(Duranti et al.,1992)。自古以来,文本(语言形式的集合)与语境(文本被使用的状况)不是相同之物,在解释文本时会参考语境,特定的语境会选择特定的语言形式。比如,要解释"今天很热"这个文本中的"今天"的意思,就有必要知晓使用该文本的日期这个语境。在使用敬语方面,因为话语实践在"对方是上司"的语境下进行,所以使用了敬语。但是,可以认为在无数语境性因素当中让哪个因素与解释相关联,这是在话语中"被指引"的。我们使用各种语言、非语言形式来思考把什么作为话语的语境来解释。正如"烟"只是"火"的存在,符号形式"标引着"成为话语实践的语境。如"今天很热"标引着今天的日期,敬语标引着与对方的上下关系。如此,标引语境各要素的语言形式被称作"指标(indexical)"。

那么,认为语言形式表示社会意义的观点,是如何与身份结合的呢?"指标"可以区分为有关文本"内容"的"指示性指标"和仅与语境信息相关的"非指示性指标"(Silverstein,1976)。"指示性指标"包含"我""你"等人称代词和表示场所("这里")、时间("今天")类语言形式。另一方面,"非指示性指标"包含刚才列举的"わ(wa)"和"ぜ(ze)"等句末助词等各种语言形式,与性别和身份意思相关的就是这个"非指示性指标"。此外,语言形式与身份的关系,可以区分为"单一语言形式的标引"和"系列语言形式的标引"(汤川,1995)。通过"オバサン(阿姨,obasan)"这个单一语言形式标引说话者性别的属于前者,通过使用更为标准的发音、更多的反义疑问句、多用"わ(wa)"等助词整体标引的属于后者。

此外,明确语言形式标引的社会意义与身份之间的关系的是奥克斯的语言形式直接标引的社会意义与间接构成的身份的关系(Ochs,1992)。语言形式与性别的关系拥有以下特点:①两者直接结合的例子少(更标准的发音也仅是女人比男人使用频率高而已,而并非仅有女人使用);②特定的语言形式也表达性别之外的各种社会意义(与女人结合的反义疑问句中也有社会意义;说话者对"内容"的不确信及确认信息的"行为")。由此,奥克斯认为语言行为通过社会意义构成(constitute)性别。通过区分语言形式直接标引的社会意义与通过社会意义间接构成的特征,来解释说明语言形式与身份的关系。比如,刚才我们列举的"わ(wa)"和"ぜ(ze)"的例子,"柔和"和"粗暴"是语言形式直接标引的社会意义。另一方面,通过这些社会意义构成"女性说话者"与"男性说话者"就是间接标引的例子。要想这种间接标引成为可能,需要"柔和"和"粗暴"的差异适应日本社会的性别差异这种社会习惯,以及推论两者异同。

语言形式的标引不仅包含人际关系和身份,也包含通过话语表达想要做什么(称赞、反对、嘲讽等),进行怎样的活动(讲述、流言、告白等),有怎样的体裁等各种社会文化信息。此外,标引身份不仅限于语言形式。我们通过标引与语言、非语言的各种情绪和认识相关的特征,来建构各话语实践中的多样身份。

(三)身份在"实践集团"中被建构

那么,我们该如何对待这种动态的身份建构过程呢?

既然身份的建构是在人与人的交往中进行的,那么我们就有必要限定某个必然相关的集团,将与该集团内利用的社会范畴和语言形式相结合的社会意义视作问题。这种集团的概念,自古以来就是社会语言学基于居住地和说话者属性(社会经济阶层和性别)来探讨的"语言集团(speech community)"概念。比如,假定居住在同一地区的同一阶层女性属于相同的语言集团。但是,有研究认为"语言集团"对社会语言学,特别是语言与性别研究来说不是一个合适的概念(Bucholtz,1999c:207)。"语言集团"将身份视作说话者的属性和范畴,因此无法吸纳说话者能动地构建多样身份这个视角。此外,集团将共有的语言规范和追随规范的中心成员作为集团层次的分析对象,因此无法探讨(如同女人那种)脱离规范的边缘性成员个人层面的创造性身份建构的过程。再则,"语言集团"是以语言为主被定义的,因此无法分析服装和动作等非语言要素与(女权主义的中心课题)性别化身体之间的关系。如果将社会范畴和语言形式的社会意义都视为在话语实践中建构的,那么行之有效的不是"语言集团",而是以实践为主的集团概念。

这时被提出的是"实践集团(communities of practice)"这个概念(Eckert et al.,1992a)。所谓"实践集团",是指"通过相互关联而聚集的人们的集合"(Eckert et al.,1992a:464)。人们通过相互关联,共有对事物的相同处理方式、说话方式、信念、价值观、权力关系(即实践)。这其中包括职场、学校的小集团、兴趣小组等各种集合。"实践集团"的三大特征为：①相互关联(定期关联)；②协同建构的过程(与其说是通过外在目标联系在一起的，不如说在相互交涉中产生了共同的实践)；③在交涉意思时共有资源领域(比如，特别用语、语言习惯、寒暄方式，在各种语境中允许何种程度的私有会话，会议上达成结论的方法、饮食、手势等)(Holmes et al.，1999)。

　　"实践集团"克服了"语言集团"概念的几个问题。在"实践集团"中，语言不过是众多社会实践之一。服装和动作等身体因素也是重要的分析对象。埃克特的研究表明，高中生牛仔裤下摆的宽度建构了在校外活动、有其他高中或城区朋友的"校外团体"，以及热心于运动、学生会活动的"学校活动团体"的范畴化(Eckert，2000)。此外，即便是与相同实践相关的人，他们的关联方式通常也是千差万别的，因此脱离常规的边缘性成员在分析时被特化。即便是就读同一所高中的学生，除了"校外团体"和"学校活动团体"，还有不少学生不同程度地处在这两者之间，所有学生都在各自的状况下能动地变换身份。比如，处在"学校活动团体"边缘、对"校外团体"也感兴趣的集团，通过保留"学校活动集团"时尚的同时，稍稍放宽牛仔裤下摆来构建微妙的意义。如此，在探讨个人身份建构的过程中，比起以基于范畴的集团为单位的"语言集团"，基于实践的"实践集团"更有效。从"语言集团"的概念来看，毫无意义的高中生集团范畴实际上对个人身份有着重要意义。这是由于"实践集团"将主体的身份、集团的身份、活动、意义都视为在相互关联中建构的过程。

　　从这种动态的"实践集团"概念探讨的主体身份，表现在以下这些过程中：该主体与怎样的"实践集团"相关(或者无关)？特定主体相关(或者无关)的多样"实践集团"之间是怎样的关系？主体拥有多少"实践集团"共有的知识(比如，该集团使用非标准形有怎样的意义)？各"实践集团"怎样彼此相关(是中心性参与集团还是边缘性参与)？何种程度表明在特定的"实践集团"中的关联(比如，即便是志愿者活动也表明了某人是否是某公司的职员，或者故意不表明)？无论哪个主体，均与复数"实践集团"相关，不仅与各"实践集团"的关联复杂多样，而且与特定集团的关联也会影响与其他集团的关联。比如，女人在家庭这个"实践集团"中承担家务、养儿育女，因此容易在工作这个"实践集团"中不得不边缘性参与。

　　"实践集团"使分析个人身份成为可能的同时，也通过问询各"实践集团"的关系，以及社会整体的权力关系与"实践集团"结构的关系，使"主体—集团—社会"这个微观到宏观层次的意义生成成为可能。比如，社会中性别的二元对立与权力关系反映在"实践集团"的性别化、"实践集团"参与形态的性别化、各性别化"实践集团"的权力关系上。"实践集团"多依据性别分化。足球比赛的选手是男的,但声援比赛的啦啦队队长是女的。此外,"实践集团"的参与形态也被性别化。男子作为选手参加高中棒球部,但女子作为干事参加。再则,如果思考为何"实践集团"被如此性别化,那么就会发现,性别的权力关系与这些"实践集团"的性别化和参与形态的性别化有关。社会的权力关系通过"实践集团"与各主体的身份形成过程密切相关。

三、"性别身份"与"性别意识形态"

在之前的章节,我们讨论了在"话语实践"中被建构的"身份"与"话语秩序",在这些概念中我们可以探讨围绕"性别"的概念。下面,我们来分析探讨在"话语实践"建构的"身份"中聚焦性别的"性别身份",以及在"话语秩序"中聚焦性别的"性别意识形态"。所谓"性别身份",是指主体将"性别意识形态"和话语中被设定的各种社会范畴或社会意义作为资源,在话语实践中能动地建构的各种身份。另一方面,所谓"性别意识形态",是指在话语实践中建构的各种"性别身份"在特定的社会权力关系中历史性被建构的意识形态。

因为使用不同的词语,所以也许会认为上述两者是不同的概念,但是正如"话语实践"与"话语秩序"的关系,这两者密切相关。"性别意识形态"成为进行各话语实践的主体在考虑"建构怎样的性别身份"时的资源,就这层意义而言,"性别意识形态"成为话语实践的规范。身份无法无中生有。我们在具体的话语实践中建构身份时,有可能参考、再生产"性别意识形态"中事先被设定的各种"性别身份",甚至颠覆。比如,高中生可以使用"小辣妹的用语"建构"小辣妹的身份",反之,通过不用"小辣妹的用语"来建构"非小辣妹的高中生的身份"。这是由于"性别意识形态"包含通过迄今为止的话语实践各小辣妹累积的"小辣妹身份"。

同时,"性别意识形态"也是由通过各话语实践建构的"性别身份"构成的,因此如果不在话语实践中被参照、再生产就无法维持。如果整个日本的小辣妹在话语实践中不建构"小辣妹的身份",那么"小辣妹的身份"也就从"性别意识形态"中消失。如果持续建构颠覆"性别意识形态"的"性别身份",那么理所当然"性别意识形态"也会发生变化。也许很多人会从"性别意识形态"这个用语联想到固定的男女二元对立关系。但是,所谓"性别意识形态",是指"性别身份"同样通过话语实践不断变化的动态概念。

(一)何谓"性别身份"

与个人相关的身份并非唯一,它由年龄、职业、家族关系、人种等各种相关要素结合组成。其一就是性别身份。如上所述,身份并非一成不变、一贯固定的,它在话语中通过不断被建构而发生变化,它是能动的被建构的。这种身份之一的"性别身份"也在话语中被建构,或者被颠覆、变化,有时可以作为矛盾多样的概念来看待。

这种"性别身份"与迄今为止的"性别"有何不同呢?

第一,性别与话语的关系反转了。迄今为止,一般认为因为是特定的性别,因此说话者选择特定的话语方法。但是,身份并非话语的原因,而是结果。我们并非因为自身的性别而选择特定的说话方式,而是通过话语建构各种性别身份。

第二,"性别"是变化的。正如我们上述的"文化差异模型",迄今为止人们一般认为性别一旦习得就会一生不变,成为个人身份的一部分,成为个人行为的原因。但是,如果性别身份在不断变化的话语实践中发生变化,那么人的性别身份在一生当中可能会变化,相同的人也可能建构互相矛盾的性别身份。

第三,"性别"是多样化的。以前的"性别"概念以"女人这种性别"和"男人这种性别"的二元区别为前提,强调各性别的均质性,因此容易认为性别只有"女人"和"男人"。但是,如果身份是由各种内容构成的,那么我们可以想象性别身份也会因人种、职业、年龄等因素发生各种变化。比如,年轻学生与年老退休人员的性别身份截然不同,花月场所的女性与教育系统女性的性别身份也迥然相异。即便同是"女人/男人"这个性别,其种类也纷繁复杂。同样,在话语实践中建构性别身份的过程既然与该时代、社会、文化密切相关,那么性别身份也会因时代、社会、文化而千差万别。

第四,不将性别视为主体内在的本质,而是主体演示、进行的"表现(performance)"的视角,这一点至关重要(Butler,1990)。如果主体通过话语不断建构各种不同的性别,那么性别并非主体内在的"名词",而是"做性别(doing gender)"(West et al.,1987),是"动词"。主体并非本质上像女人才会使用女式措辞,而是除了社会的"性别意识形态",还在充分考虑进行话语实践的直接社会状况后采取特定措施。笔者有一位好友,她即便对公司的上司也使用对等的措辞。有一天,另外一位朋友向她介绍了某位男士后,对笔者说:"我还是第一次看到××酱使用敬语呢!"。她通过"使用敬语"这个行为建构了怎样的性别身份我们暂且不论，但是后来两人结了婚，婚后我再也没见她对丈夫用过敬语。

如果将性别视为"做的"行为，那么通过变化的身份也能解释双方的性别界限。生物学上的"男人"建构"女人的性别"，白天作为女人、夜里作为男人生活，这既不违反"自然"，也不矛盾。这是由于性别界限内的其他主体也在建构互相矛盾的性别身份。

如此，基于极大转换旧有"性别"概念的新观点，我们将迄今为止标记为"女らしさ（像女人，onnarasisa）""男らしさ（像男人，otokorasisa）"的"femininity""masculinity"标记为"女性性"与"男性性"。"女らしさ（像女人，onnarasisa）""男らしさ（像男人，otokorasisa）"与二元对立的本质主义性别观密切结合，一直使用至今。"女性性""男性性"是在话语中历史性变化、建构的，它是多样的，是表示社会性结构化的复杂多样的性别身份的概念。"女性性"和"男性性"均多种多样，两者无法还原成二元对立。

（二）何谓"性别意识形态"

如此，在实际的话语实践中建构的各种"性别身份"在社会的权力关系中结构化后就是"性别意识形态"。〔这个概念还有"性别排列（gender arrangement）"（Goffman，1977）、"性别秩序"等用语。〕所谓"性别意识形态"，是指通过有关性别的话语累积，在特定的社会中被历史性建构的各种"女性性""男性性""无性性""两性性"（性别身份）被体系化的意识形态。在日常生活中，我们有时会不可思议地想："为什么女人（或者男人）被认为是这样的呢？"为什么在社会中存在这种关于性别的固定"知识""信念""常识"。自古以来，这些"知识"多数基于生物学差异，我们在社会化的过程中学习这些"知识"。但是，福柯给我们提供了性别是由话语历史性建构的这个视角，这使得有关性别的"知识"也是不同的权力关系在互相作用的社会中通过话语历史性建构的这个视角成为可能。

比如，东京女性财团（1998）收集了古今中外的谚语及"名人"关于女性的名言警句。我们撷取部分以飨读者。"相信女人的男人，是相信盗贼的家伙。"（希腊叙事诗人赫西俄德）"女子性本愚，应弃信自身随夫君。"（孔子）"妇人无君主，应视夫君为主人。"（贝原益轩）"丈夫应监视妻子的行为。这是因为丈夫有必要确认自己要教育、抚养的孩子是否真是亲骨肉。"（卢梭）这些资料被印在展板上在全国各地展出，因此可能许多人都见到过。笔者去看时，也在现场听到"过去的言论真是过分啊！""现在不是也没什么改变嘛"的议论。

但是，如果基于"有关性别的意识形态是由话语建构的"这个视角来看这些资料,那么这些都是一个个话语,正因为这种话语的累积建构了现在有关性别的"知识""常识",才会发现"现在也没什么变化"这个事实。此外,为何他们的话语被保存、被普及,但那个时代的女人和地位低下者的话语却无法收集呢? 如果我们深入思考,就会发现,在各种相互对立的话语实践中,在形成支配型话语的过程中,社会的权力关系至关重要。所谓"性别意识形态",是指成为让社会的权力关系最正当化的"常识"的意识形态,以及非此种意识形态构成阶层并被结构化后之物。比如,贝原益轩的"夫乃妻之君主"这个言论与国家的思想相吻合。它将国民放在以家长为顶层的"家"这个单位中来对待,试图将养儿育女、护理家人等工作作为"私人领域"强加到女人的义务劳动之中。这种与权力的维持相一致的话语作为常识被普及、被传述。不是以"家"为单位而是以个人为单位,指责"私人领域/公共领域"分割到"女/男"的性别的这种不平等的话语无法成为"常识"。所谓"常识",并非社会真理,它不过是众多话语中的一个。然而,它是通过成为将权力结构正当化的"支配型话语",而被规范化、自然化的一个意识形态。

"性别意识形态"这个概念使得我们可以离开生物学差异,通过话语分析其历史性以探究性别。将"性别意识形态"与社会的权力结构相关联给了我们思考以下问题的机会:将特定的性别身份更"常识化、自然化、规范化",这对支配关系的维持和正当化起何种作用?

在之前的讨论中,我们将"性别意识形态"视为一个概念。但是,正如我们刚才列举的"名人"话语对女人进行方方面面的评论一般,可以将"性别意识形态"分成有关性(sex)的、有关性别(gender)的、有关性取向(sexuality)的三类(Bergvall,1999)。

"性意识形态(sex-ideology)"包含近代科学家的研究方法,研究结果的利用方法,产生这两者的信念体系(Bergvall,1999:285)。性意识形态最强有力的例子是"人一生下来就分男女"这种二元对立性别意识形态(Bing et al.,1996)。所谓"性别意识形态(gender-ideology)",是指与各种"女性性""男性性"相关联的结构,其中最坚固且影响力最大的是二元对立的性别意识形态。所谓"性取向意识形态(sexuality-ideology)",是指有关性取向、嗜好和性欲望而建构的信念体系,典型的例子就是异性恋规范。

"性意识形态""性别意识形态""性取向意识形态"这三种分类是理论的产物,实际上它们通常无法明确区分,而是相互关联、共同制约话语实践。比如,将痴汉、强奸、尾随者行为、出轨等正当化时,经常使用"男人的欲望直接产生于生物学欲望(是为了传宗接代而必不可缺的)"的这种"男人的欲望论",与性、性取向两者的意识形态相关。此外,"异性恋规范"这种性取向意识形态与"一个女人与一个男人成为一对"这种性别意识形态相结合。

如此,不仅是性别,性也被理解为意识形态。对此,大家也许觉得有些抵触。这是因为以往的女权主义认为性别是社会性的,而性是生物学性的。但是,性科学表明,性包含染色体,内生殖器(卵巢、睾丸),荷尔蒙(脑),外生殖器等各种内容,所有内容都是连续的,并没有女人/男人这种二元对立。比如,通常认为 X 染色体与 Y 染色体的组合决定性别,但实际上也存在 XXX 和 XYY 这种组合,构成由两种以上染色体组合的连续体。所谓性,是指人在出生时医生根据外生殖器将自然界中这种连续的内容归入二元对立的性的一种(上野,1995a;Bing et al.,1996)。这样的话,那么医生将新生儿分为二元对立的女性/男性的这个行为的动机就是性别。即性别并非在二元对立的生物学的性之上成立的社会、文化之物,而是二元对立的性别成为二元对立地"解释"连续之性的道具。可以说,二元对立的性别是将二元对立的性与异性恋规范的性取向作为"自然之物"建构的装置(Butler,1990)。如果依照这种颠倒性别与性的关系的观点,那么就能质疑迄今为止被视作生物学次元问题的性与性取向的意识形态性。下面,在性别是二元对立地解释性与性取向的装置这个言论的基础上,我们将性、与性取向有关的意识形态也包含在内统称为"性别意识形态"。

"性别意识形态"与我们之前讨论的"性别身份"拥有许多共同特征。首先,"性别身份"因时代、社会、文化的不同而千差万别,因此由"性别身份"构成的"性别意识形态"也因时代、社会、文化的不同而不同。笔者曾听闻"汤加以胖为美",也曾期待"如果我去汤加,那么我也是美女吗?",但听说最近汤加的国王开始奖励减肥了。与女人身体范畴化的"美女"相关的"性别意识形态"也因时代、社会、文化不同而相异。

此外,在实际的话语实践中建构的"性别身份"多种多样,而且相反的身份相互对立,由"性别身份"构成的"性别意识形态"也包含相互矛盾的"性别身份"。比如,主妇与职员的性别身份之间也矛盾重重。由于生活需要,主妇被要求做一些卖身等的"肮脏工作",但是又会"因为是肮脏的工作"这个理由,女人有时会被某些特定的工作排除在外。这显示了被"主妇"这个支配型话语所设定的女性性与被"职员女性"的支配型话语所设定的女性性之间的矛盾。

最后,构成"性别意识形态"的多样性别身份通过与社会的权力关系密切相关的方式相互结构化。比如,康奈尔认为,众多男性性并非处于同等地位,存在被特别赞赏的"主导型男性性(hegemonic masculinity)"和其他从属型男性性

(详见第六章)(Connell,1987)。主导型男性性,并非仅在与女人的关系中被建构,也在与从属型男性性之间的关系中被建构。以异性恋为规范的主导型男性性通过否定"女性性"和"同性恋"而使自身成为支配型意识形态。

如此,质疑"性别意识形态"中的女性性、男性性之间的关系和矛盾,有利于我们分析给予各话语实践结构性影响的意识形态。比如,对于莱考夫所指出的女性语言行为的"双重窘境(double bind)",我们理解如下。评价"说话方式"的支配型话语将"男人的说话方式"与"女人的说话方式"范畴化,将两者序列化为"男人的说话方式是标准的,女人的说话方式是脱离标准的"。另一方面,仅评价女人的说话方式的支配型话语将"女人式的说话方式"和"非女人式的说话方式"范畴化,将两者序列化为"女人最好使用女人式说话方式"。如此,分别存在有关"普遍说话方式"的支配型话语和有关"女人的说话方式"的支配型话语(即存在双重标准),因此女人无论使用哪种说话方式都会被否定评价。

解开与性相关的意识形态分析其矛盾,有利于展示将男性支配正当化的意识形态结构,以及展示难以颠覆男性支配的结构性因素。

这种新型"性别"概念也给予女权主义运动新的展望。如果性别并非固定的,那么就有可能改变。通过了解并非性别差异而是性别如何被建构的,就有可能跨越二元对立式的性别观。如果女权主义寻求解放,那么就有必要了解压抑的结构。但是,众多压抑成为常识束缚着我们,因此难以觉察何处可笑。为了能察觉何处有问题,我们有必要厘清性别通过话语被社会性建构的过程。

即便是关于语言改革运动,"话语建构社会"这个主张否定"社会先于语言而存在,语言不过是反映社会而已,因此语言改革运动是白搭"这种语言征兆论。不仅如此,将话语视作社会行为的观点明确了使用歧视表达本身即为社会歧视行为,不允许使用歧视表达的人辩称自己"没有歧视的意识"。如果身份是由话语建构的,那么"歧视意识"是否存在于主体内部是个问题;不仅如此,通过使用歧视表达的"歧视性话语",主体的"歧视身份"就会被建构(中村,1995b,1996b,1998c)。

四、对建构主义的批判

但是,对于极端的建构主义,有人指出了关于人类的主体性与现实的问题。下面,我们从语言与性别研究相关的视角提出问题。

第一,如果身份并非人内在的属性而是由话语建构的,那么就出现了是否人类本身即空无一物这个问题。如果假定人拥有颠覆支配型话语的能动性,那么进行这个反"常识性"话语的主体性从何而来呢?如果完全否定主体的"本质",那么即便是同性恋也不过是基于特定体验的一种幻想罢了。"实际上,在 20 世纪 80 年代的美国,在性身份是可变的这种'建构主义'的前提下,开展了将同性恋向异性恋矫正,预防孩子成为同性恋者的各种活动。"(加藤,1998:146)对于此,同性恋运动开展了本质主义的反驳——"我们天生是同性恋者"。这种对"本质主义"的战略性使用显示了依照"本质主义"对"建构主义"这种二元对立的主张,断言"本质主义是错误的,一切都是被建构的"本身的问题所在。

第二,如果人或物是通过被各种话语描述从而被定义的,那么现实是不存在的这个问题。如果选取现实并非唯一的,话语不同则不同的相对论视角,那么"女人被压抑"这个主张也是不现实的,而是由将社会视作通过性达成的支配关系的女权主义的话语建构的现象。

第三,认为"女性性""男性性"是多种多样的,那么究竟该何种程度承认其多样性并进行研究的问题。如果某个主体的性别身份不仅受年龄、职业、家庭关系的影响,还会在各种状况和人际关系中发生变化,那么所有范畴都将失去意义,结果可能一切都是个案。作为迄今为止女权主义运动前提的"女人"这个范畴是否会失去意义呢?另一方面,我们拥有女人共同的歧视和经验。这与年龄、职业、家庭关系无关,无论哪个女人都可能被痴汉骚扰。究竟该如何对待这种共同感才好呢?(Weedon,1997:178)(参见第二章第五小节)

第四,主张主体可以能动地颠覆支配型话语,难道对于支配型话语做何种反应会成为个人的责任吗?对于对支配型话语进行再生产话语的个人,难道不会质疑为何可以颠覆而不颠覆呢?高桥莉莉丝认为,在"哭着入睡"这个语言暴力中,在有关性暴力的话语中被多次使用的"不要哭着入睡"这句话"甚至是暴力性的"。"哭着入睡"的受害者实际上也在控诉,只是周围没有好好应对而已。可是"哭着入睡"这个词,将受害了也无法出声的状况、出声了也被周围无视因而闭口不谈的状况、允许这些情况发生的社会和组织的责任转嫁给受害者(《朝日新闻》1999 年 2 月 19 日"论坛")。"主体主动追随支配型话语"这个主张,以及"主体可以拒绝支配型话语中被设定的主体位置颠覆权力关系"这个主张明显自我矛盾。有必要探究主体能动性地进行某种行为时的制裁和隐瞒,即难以颠覆支配型话语的构造。

最后,无论建构主义如何主张"性别是多样的、并非二元对立的"这一观点,在现实社会二元对立、本质主义的性别观却被大众深信不疑,这个事实对我们日常的话语实践有重大影响。比如,埃尔利希指出,在性骚扰调解委员会中女教授的提问具有诱导性,如"这不是性骚扰这是基于许可的性爱"(即不是说是个女的就会下结论说"这是性骚扰")(Ehrlich,1999),即便如此,还是有意见指出"委员会中女人过多,因此委员会的见解有所偏颇"(即男女是不同的这种二元对立的理论)。厘清这个二元对立、本质主义的性别观这种顽固的性别意识形态,以及厘清将其知识化、常识化、自然化的制度、意识形态是至关重要的。

五、今后的"语言与性别研究"

意识到这些问题后,基于建构主义引出的性别概念,我们来思考一下"语言与性别研究"与自古以来的研究有何不同。

第一,研究对象从性别差异转向性别身份的建构。并非"男女的措辞如何不同",而是验证丰富多样的"女性性""男性性"在各话语实践中如何被构建这个视角。要想厘清性别身份的建构,我们之前列举的"主体位置""标引""实践集团"概念行之有效。

为了让"实践集团"这个概念反映到语言与性别研究中,埃克特等呼吁"实践性思考,局部性观察(think practically, look locally)"(Eckert et al. ,1992b)。所谓"实践性思考",是指将性别与语言的关系视作在社会实践中相互建构的过程。不是将性别视作主体内在的本质,而是看作在话语实践中能动建构之物。所谓"局部性观察",是指承认性别的意义和语言表达都与在特定的"实践集团"中的人种、年龄、社会阶层、家庭角色等构成要素密切相关且丰富多样。

第二,今后的"语言与性别研究"拥有以下视角——不强迫女人做"沉默"的牺牲者,而是将其作为能动地参与话语建构身份的语言使用者。

盖尔指出,在社会语言学中女人与语言的关系被象征为"沉默""无权",但语言人类学的研究却指出女人在自身的领域中有着积极的语言行为(Gal,1991)。在乍看互相矛盾的研究结果面前,盖尔提议将两者作为女人对"象征性支配"的不同反应进行整合。比如,在公共场合"沉默"、在私人场合"健谈"这种女人的产生,是源于"公共"对"私人"这种社会性区别,是将女人赶入"私人"场合的这种制度。这种区别和制度是与权力关系相结合的社会性建构之物,因此女人被象征性(通过语言)支配。基于这种视角,女人虽然受到各种制约,但被视作语言行为的主体。

第三,要求扩大研究对象的数据及跨学科研究。现在可以想到的就有四个方向的扩展。首先,要求扩大成为研究对象的被调查者数。批判意见认为,迄今为止的"语言与性别研究"仅将白人、异性恋者、英语使用者、中流的被调查者的分析结果普遍化。但是,如果是分析主体在话语中建构身份的过程,那么被支配型话语事先排除在外的、范畴化的主体如何构建身份就值得关注。其次,尝试进行特定的时代、地域、实践集团的历史性研究、民族志式研究、文化研究。我们无法保证之前"英语圈"的研究结果切合日语。要想阐明丰富多样的"性别身份",扎根"实践集团"的研究不可或缺。〔包含建构支配型话语历史经纬的话语分析,有近年的格林童话的意识形态研究(Zipes,1983;Tatar,1987;Bottigheimer,1987;中村,1999a)。〕再次,不局限于语言,包含与性别身份建构相关的服装、手势、音像等人类可以读取意思的一切象征体系的研究〔关于视觉文本,可参见Kress et al.(1996b)〕。最后,横跨多数领域和制度的研究(interdisucursivity)。将性别视作行为而不是本质,这显示了它不断被进行的重要性(Butler,1990)。笔者认为,话语在会话、媒体、小说、教科书等各种领域高频反复出现对话语的知识化、常识化、自然化来说是不可或缺的。

如果使用布克赫茨的用语(Bucholtz,1999a),那么研究对象不是之前的"优秀被调查者",而是非白人、同性恋者、非英语使用者、劳动者阶层等"劣质被调查者";不是研究依照性别意识形态行动的"好女人"的话语,而是研究试图反抗颠覆的"坏女人"的话语;我们寻求的不是按照之前语言研究方法的"优秀研究",而是跨越语言研究贪婪地截取邻近领域成果的"拙劣研究"。

第四,分析女人(男人)如何被描述的"性别表达研究"、分析女人(男人)怎样使用语言的"语言使用与性别研究"和有关女性语言使用的成见或否定评价、语言规范这三个研究领域连接在一起。自古以来,这些领域作为不同的领域各自发展了起来。与女权主义的语言改革运动联动进行的"性别表达研究"将研究聚焦在侮辱语、称呼、职业用语等词汇的构造上(中村,1995a)。因此,与以社会语言学和话语分析为主发展起来的"语言使用与性别研究"之间的接点并未得到认可。另一方面,有关成见、否定评价、语言规范等"民间语言学"的研究,除了对一小部分进行研究以外(中村,1990b,1991a,1992;Cameron,1995b),很少进行系统研究。

但是,如果说性别是由话语建构的,那么首先"性别表达研究"探讨的语言体系中的性别歧视性词汇和表达,以及属于"民间语言学"的、对女性的语言使用的成见、否定评价、语言规范都可作为通过话语历史性建构的"性别意识形态"的一部分来重新对待。

其次,"语言使用与性别研究"探讨的实际话语,就可以定位为受这些性别意识形态的影响主体能动性建构身份的话语实践。性别歧视性语言结构及成见、否定评价、规范在限制女性建构身份的同时,成为女性在话语中建构身份时的可利用资源。作为实践的话语,可再生产、颠覆性别意识形态。在话语中,使用性别歧视表达、采取带有偏见的语言行为、基于偏见进行评价,这些不仅是再生产性别歧视性语言体系的行为,也是再生产男性支配社会结构的行为。另一方面,在语言改革运动中尝试新造词、赋予肯定意义、滑稽模仿等战略成为颠覆男性支配话语的行为。可以说,整合了"性别表达研究""语言使用与性别研究"及有关女性语言使用的成见、否定评价、语言规范这三大领域的新型"语言与性别研究"诞生了。

今后"语言与性别研究"的课题可分类如下:①探讨身份在特定的话语实践中如何被建构的"性别身份"建构的解析;②探讨在特定的历史、文化中,通过各种话语如何建构有关性的意识形态或这些意识形态与社会的权力结构有何关系的"性别意识形态"的解析;③探讨社会的权力结构如何限制各话语实践或通过话语实践如何被再生产、被颠覆的"性别身份"的建构和"性别意识形态"与社会结构的关系。这三大课题密切相关,在分析数据时,有必要整合这三个视角。本书的第六章到第八章,主要介绍①中的基于"性别身份"建构视角的个案研究。第九章,我们将日语的"女性用语"作为"性别意识形态"来分析。现在的"语言与性别研究"采用了建构主义的动态视角,主要致力于与话语中的"性别身份"和"性别意识形态"的建构相关的研究。

* 为希望进一步学习的读者提供的参考文献
从心理学的立场简明扼要介绍社会建构主义的有 Burr(1995)。有关女权主义与后建构主义的有 Weedon(1997)。有关语言与性别研究和"实践集团"的有 Holmes(1999)。有关批判性话语分析的方法论、理论的有:Hodge & Kress(1988);Fairclough(1989,1992);Fowler(1991);Lee(1992);Caldas-Coulthard & Coulthard(1996);Fairclough & Wodak(1997)。对批判性话语分析进行批判的有:Stubbs(1997)、Hammersley(1997)和 Schegloff(1997)。

第六章　男性性的建构

迄今为止的"语言与性别研究"主要着眼于阐明女人与语言的关系，并以此为基础发展起来。少数先前的研究指出了以下视角：男人不表露情感，保持"沉默"（Sattel，1983），通过相互"辱骂"（Labov，1972b）达成"连带"关系。

但是，建构主义将性别视为由话语建构的意识形态，主体将性别作为资源建构身份。如果依照建构主义的观点，那么对各种男性性通过主体如何在相互行为中被建构这个问题的研究成为可能。下面，我们选取刚刚起步的有关男性性的研究，来分析"主导型男性性"与女性性，或者与其他男性性之间的关系，以及"对颠覆男性性的抵触"是如何通过话语被实践的问题。

一、多样的"男性性"与"主导型男性性"

如果性别身份是在话语实践中被建构的，那么男性性也不是唯一的，而是丰富多样的。科斯分析了西班牙巴塞罗那 17～23 岁的劳动者阶层的话语，他列举了一个在路上相互嘲笑男人生殖器大小的例子作为某个集团的典型话语（Cos，1997）。科斯将这种相互"侮辱"、显示了对身体的危险性的相互"辱骂"话语，以及与麻药的使用等相结合的男性性命名为"单纯化男性性（simplified masculinity）"。但是，与此同时，相同年龄层、相同社会阶层，且住在相同街区的其他集团所显示的男性性，有可能与他们不同。

在各种男性性中，被视为该文化之理想的"主导型男性性（hegemonic masculinity）"可获得大家认可（Connell，1995）。主导型男性性不必与现实人物保持一致，"只要让维持男性权力的大多数男性支持它就行"（Connell，1987：185）。主导型男性性因历史、文化的不同而不同。西方产业社会的主导型男性性有着理性、异性恋、上下关系的形成、赚钱者、支配、暴力等特征（Talbot，1998：191）。（典型的例子就是詹姆斯·邦德和兰博等电影英雄。）日本历史性被建构的主导型男性性应该与此不同（中村，1996c）。

　　另一方面,在各男性性当中不属于主导型的男性性,就成了从属型男性性。主导型男性性在与女性性和从属型男性性的关系中被建构。比如,为了建构异性恋的男性性,需要不断地否定、排除"女性性"。就这层意义而言,"男性性"与"女性性"并非二元对立的,而是属于不对称的辩证关系,"男性性"是支配型意识形态,因此需要作为否定项的"女性性",但如果"女性性"发生了改变,那么"男性性"也必须改变。

(一)男性性与女性性

　　在有必要特别强烈建构男性性时,有时会通过相互侮辱男性性的异性恋部分和贬低与女性的异性恋关系来完成这个要求。

　　凯珀分析了新西兰两个体育团体的男人所使用的典型表达,指出两者通过迥异的语言手段达成队伍连带关系这个共同目标(Kuiper,1991)。爱好排球的团体,在比赛中的语言行为有着之前与女人的说话方式相结合的特征——考虑说话者的面子。比如,准备发球者会对对方队员说"They drop quickly.(这个球会很快落下)",通过这个语言行为使对方即便出现失误也能保留面子,通过对发挥出色的我方队员说"Two points for that one.(刚才的表现可以加两分)",而表达对队员的积极赞赏。

　　另一方面,比较激烈的运动——橄榄球运动,它的选手们在更衣室的对话就充满了贬低队员性方面的表达。他们通过"wanker(自慰者,即没有女性性伙伴者之意)""cunt(女性生殖器,通过该词来侮辱男人)""cock(男性生殖器,将男人还原为生殖器的辱骂语)"等词来加强彼此之间的关系。这种手法处于礼貌的对极。为何橄榄球选手特意使用这种手法呢?

　　橄榄球选手通过互相认识到可能在性方面被贬低的事实,从而加强联系。橄榄球是极可能损伤身体的体育运动,选手被要求不惧这种可能性进行比赛。即便在性方面被贬损,为了证明自己并非如此,选手们需要在比赛中不表露出恐怖之情。性方面的贬损与选手们毫无畏惧进行比赛的要求一致。此外,从进行性方面贬损时使用的有关女性生殖器的表达,也可以发现人们认为男女之间的性关系毫无价值且否定女性性。"结果导致,作为性活动,只有橄榄球成为被承认的规范"(kuiper,1991:207),就这层意义而言,发挥了将选手推向激烈的身体碰撞的作用。

(二)建构主导型男性性的多样方法

　　即便我们可以设想在各文化中被认可的"主导型男性性",但在话语中建构主导型男性性的方法是多种多样的。

基斯林观察了美国大学男生的学生会(fraternity),并报告了男生们在上下关系严格、充满竞争的学生会的意识形态、当时的情况、各种立场和资质等制约中建构身份的情况(Kiesling,1997)。所谓男子学生会,类似于在大学中被选中的学生进行活动的学生自治会这样的组织,也类似于军队的等级组织,能够入会是一种荣耀。在男子学生会,所有学生都试图建构一种拥有在学生会,以及在社会中被认可的具有竞争力的、成功的、充满自信的强大男性性。但是,虽然目的相同,但是手段迥异。基斯林列举了有关选举支部宣传员的谈话中四名学生的例子。

第一位是刚入会的领导推荐与自己同一所高中毕业的同学利奇的例子。

> Darter：I mean he types like unbelievably... quick. Um I just think this would be a good position for him to hold because he's a really good writer. I mean I've read a lot of papers of his.
>
> 达特：他打字的速度令人难以置信地……快。嗯,我认为这是一个适合利奇的工作。因为,他写东西很快。我曾经看过很多他写的东西。

达特的话语特色是弱化表达和提出理由。不说"This is a good position for him.(这对他而言是个好位置)",而是说"I just think this would be a good position for him(我只是认为这对他来说是个好位置)"。他用"I just think(我只是认为)"来表明自己的意见其实并没有那么重要,然后用"would(将会)"将自己说的话停留在单纯的提议上。此外,用"because(因为)"来明示因为利奇具有写作才能所以才推荐这个理由,将自己的意见正当化。这些特征与达特是学生会的新人这个事实密切相关。证据是,作为学生会"老人"的其他三人的发言中没有发现弱化表达和提出理由的现象。

第二位是建构父亲般深思熟虑身份的拉姆。

> Ram：Um... I'd like to endorse David here; surprisingly I mean the kid—I don't want to see him fall into another—and I'm not saying that he would Kevin Fierst type thing. I

think we need to make him; we need to strongly involve
him now I think he's pretty serious about it; y'know and
<u>with a little guidance</u> I mean he'll do a fine job.

拉姆：我想推荐戴维，可能大家感到意外。我不希望这孩子朝着
　　　其他方面发展。我不认为他像凯文·菲尔斯特。现在我们
　　　有必要强烈推荐他加盟我们。我认为他是认真的。如果稍
　　　加指导，我想他一定能做得很好。

　　拉姆建构了既年长又有经验的强者身份。他称戴维为"the kid(这孩子)"，
通过提及已退学的以前成员凯文·菲尔斯特，来展示自己拥有丰富的学生会方
面的知识。此外，"I don't want to see him fall into another(我不希望他朝其他
方面发展)"显示了拉姆还关心学弟的未来，通过"we(我们)"表明他代表这个学
生会。再则，通过"with a little guidance(如果稍加指导)"，来暗示自己拥有指导
能力。

　　第三位是建构聪明年长者身份的四年级学生麦克。彭寿是研究生顾问。

Mack：Okay... <u>This is it</u>... Somebody said something about...

Pencil：Again, we need to reorganize

Mack：Yeah, somebody's- <u>we need to look at</u> what we have left
　　　here, and <u>there are</u> certain positions that everybody fits
　　　into perfectly. Ernie does not fit into this;(0. 1) I'm not
　　　sure where Ernie fits in just yet.

?：historian.

Mack：But I:a:m am afraid that <u>we</u> are going to waste uh one of
　　　the few brains left. (...)

Pencil：And he can hold both positions.

Mack：I understand that. (0. 3) But he won't(0. 5) <u>I see Kurt-I</u>
　　　<u>see Kurt-I see Kurt</u>.

Pencil：Then talk about chapter correspondent. Point of order.
　　　(...)

Mack：<u>I see Kurt as chapter correspondent</u>, not Ritchie.
　　　Damn it.

麦克：对……就是这个……谁说过的……

彭寿：不再整理一次的话……

麦克：啊，我们有必要看看还剩下什么。所有人都有完全吻合的分
　　　工。厄尼不适合这个分工。我还不知道厄尼适合哪种分工。

？：历史学家。

麦克：我们不是浪费了不少有能力的人才吗？（略）

彭寿：他可以兼任两种分工。

麦克：是吗？但是，他不兼任两种。就是库尔特、库尔特、库尔特。

彭寿：那么，我们谈谈支部宣传员的事儿吧。议事程序。（略）

麦克：库尔特做支部宣传员。

首先，麦克用"this is it（是这个）"这种强势的命令形开始自己的发言。"这个"是麦克的意见，但这个表达里包含着"在这里直接展示结论，节省浪费"这层意思，因此麦克的意见拥有结论的效果。接着，用"we need to look at what we have left here（我们有必要看看还剩下什么）"告诉其他成员决定的方法。主语虽然用了"we（我们）"，但意见是麦克个人的意见，这里的"we（我们）"就是麦克。麦克通过在自己的意见里使用"we（我们）"，来显示自己在学生会内拥有结构性权力。如果是新人达特，那么就会在发言里加进弱化表达，说成"we should look at what's left（我们应该看看还剩下什么）"。即便是在下一句"there are certain positions（这儿有位置）"，也用了"there are（这儿有）"将自己的意见如同是学生会的规则一般陈述出来。此外，与新人达特陈述理由相对，麦克没有陈述理由而是反复说"I see Kurt-I see Kurt-I see Kurt（就是库尔特、库尔特、库尔特）"，来决定"I see Kurt as chapter correspondent.（库尔特是支部宣传员）"。

最后是斯皮德，他总是坐在低年级学生的位置上，虽然是三年级学生但讨厌学生会的上下关系。

> Speed ：All right, look. First of all, you guys need to realize we
> do not ha：ve to ne-necessarily make a：ll the new
> brothers；put them in positions right away. (…) We
> don't have to make sure that every one of them has a
> position. (…) I was Tex's, like little bitch boy…
> graduate affairs, and I learned a lot more there, than I

would if I got stuck in some leadership role, so fuck'em.
I don't care if any of'em don't get a position. But I'm
telling you right now. I think Ritchie should do it
because like Kim said, people are gonna read this shit,
Kurt might get hammered and write some shitty..
fuckin' letter, Ernie can't write; fuckin'Mullin already
has a position, so put Ritchie in there, and stop fuckin'
trying to.. set everybody up in a position. Christ.

斯皮德：嗯，看吧。首先，你们必须认识到我们没必要马上给所有
新成员安排分工。（略）不是每个人都需要有一个分工。
（略）我虽然就像是特克斯的喽啰，但他是研究生，我从他
那儿学到很多。真的，比我在这儿担任指导性角色学到
的东西要多得多，真是去他妈的。即便有些家伙没有具
体分工也未尝不可。但是，我先说明一下，利奇应该做。
就像吉姆说的，这是给其他家伙看的。库尔特也许会被
迫写一些垃圾，但是厄尼不会。穆林那个家伙已经有分
工。因此，让利奇干吧。放弃给所有人安排分工的臭主
意吧。傻乎乎的。

斯皮德通过否定要给所有人安排分工的其他学长的想法，拒绝学生会中的
上下关系。这一点突出表现在即便在学生会的"指导性立场（some leadership）
上"学不到的东西在特克斯的手下也可以学到这个表达。

斯皮德在批判学生会的结构性上下关系这一点上与麦克和拉姆不同，可以
说他建构了价值在于个人实力的个人主义身份，而不是价值在于结构性权力的
身份。但是，为了建构这种不同身份所使用的手法，却与拉姆和麦克相同。句首
的"all right，look（嗯，看吧）"与麦克的"this is it（就是这个）"相同，都是命令形。
"you guys need to realize（你们必须认识到）"与麦克的"we need to look（我们有
必要看看）"相同，都是告诉其他成员决定方法。"we don't have to make sure
（我们没有必要）"展示了他拥有学生会的相关知识。"I'm telling you right now
（我先说明一下）"表达了自己指导学弟学妹的立场。即斯皮德一边使用立足于
学生会上下关系的手法，一边成功建构了否定其他高年级同学使用的结构性权
力的个人主义者的身份。

通过这些分析,我们可以发现,"众多美国男人建构既强又有竞争力的身份"(Kiesling,1997:82)这个共同点。即便是乍看拒绝"体制"的斯皮德也仅将拒绝这种手法作为建构"强势身份"的替代而已,而并非想要颠覆男人的强势身份本身。

但是,由于学生会的严格上下关系的制约,达特和三位学长在通过弱化表达和陈述理由使自己发言正当化这一点上存在差异。拥有"高年级学生"这种结构性权力的学生使用命令形和重复表达将自己的意见当作全体学生会的意见,提及有关学生会的知识。另一方面,我们也发现即便是在高年级学生之间,建构身份的方法也多少存在差异。"深思熟虑的父亲"型拉姆、"聪明的年长者"型麦克、"实力本位的个人主义者"斯皮德。也就是说,各学生在考虑自身在学生会中的阶层、经验、立场等各种因素后才在相互行为中建构主导型男性性。

二、主导型男性性与从属型男性性

主导型男性性的最典型特征是异性恋。因此,同性恋是最清楚明了的"从属型男性性"。高夫等分析了报纸的读者提问栏。他们的研究指出,只有将同性恋作为异性恋的一个发展过程时,男性性才允许同性恋(Gough et al.,1996)。但是,异性恋的优势地位并不要求消灭同性恋。这是因为,异性恋的男性性是通过否定同性恋证明自己并非同性恋者而成立的。

卡梅伦分析了美国白人中层大学男生看电视篮球赛时的聊天数据,并指出他们建构自己异性恋男性性的手段是在对话中将其他男人作为"gay(同性恋者)"来对待(Cameron,1997)。

他们会话的话题是红酒、女人、体育,其中有趣的是他们谈到"gay"时的情形。虽然"gay"指同性恋者,但他们不管性倾向,只将特定的男子称作"gay"。比如,布赖恩与埃德认为一个班级"所有人都是男同或女同",两人感叹这个班级的"四个男同"总是对"史上最丑女人""开玩笑、性骚扰"。如果说"不对女人开玩笑、性骚扰"就是"gay"还可以理解,但两人以"gay开玩笑、性骚扰女人"为话题,就一点都不觉得可笑了。两人关于"gay"的对话如下。

> Bryan: Uh, you know that really gay guy in our Age of Revolution class who sits in front of us? He wore shots again, by the way, it's like 42 degrees out he wore shorts again, [laugh] [Ed: That guy...] It's like a

Speedo, he wears a Speedo to class; he's got in credibly
skinny legs. [Ed: It's worse!] You know.

Ed: You know like those shorts women volleyball players wear?
It's like those it's like.

布赖恩：革命史课上坐在我们前面的那个男同，你知道吧。那家伙
穿短裤。室外是华氏零下 42 度他却穿着短裤哎。（笑）
（埃德：那家伙……）是斯皮德的短裤。他穿着来过学校。
腿细的令人难以置信。（埃德：更糟啦！）你知道吧。

埃德：女排选手穿的那种短裤吧。是那种短裤吧。

　　从以上这个例子也可以获知，对他们而言，"gay"的标准并非性倾向，而是外形、服装、说话方式不符合团体"男人味"的标准。也就是说，对他们来说，"gay"并非性方面的脱离，而是性别方面的脱离。因此，"特别 gay 的家伙（really gay guy）"在冬天穿着"女排选手穿的短裤"成为话题。使用"特别 gay"这种表达显示"是 gay"这事可以作为程度问题来对待。即便"开玩笑、性骚扰女人"也被称为"gay"，这可能是由于这个团体"男人味"的性取向对象不是"史上最丑的女人"，而是最低限度的魅力女性吧。

　　如果男人之间闲聊的这种会话状况与无关性倾向称呼其他男人为"gay"这个事实相结合，那么为了表达异性恋者的男性性，同性恋者就被牵扯进来了。为了证明"是男人"，最低限度的要求是"不是女人"。这是通过避免与女人相联系的行为来实现的。但是，在刚才这种只有男人的团体，无法通过与女人比较从而建构自己的男性性。在只有男人的团体，通常伴随着同性恋的风险。如果其中有女人，而且是有处于异性恋关系的女人，那么就没有必要强调自己的异性恋性了。这种"只有男人团体的男人有必要展示自己不是同性恋者"的规范很强，因此，"在男性朋友之间私人会话的这种语境中，关于与女人的性关系，或者关于对 gay 的厌恶闲聊……是表达异性恋男性性的最贴切方法"（Cameron, 1997: 61）。

　　这个研究表明：①同性恋非但没有被异性恋抹杀，反而将否定同性恋作为建构异性恋身份的手段固定了下来。②这种"同性恋"并非性嗜好、性向，而是作为服装、态度等性别层次的问题来看待。通过将违反性别规范作为违反性取向，性别意识形态被补强。如果将①视作性取向身份的次元来对待，那么就如同在多样的男性性中建构主导型男性性时其他男性性被引以为例一般，在多样的性取向中建构主导型性取向时，从属型性取向的同性恋以否定的形式被引以为例。

此外,②显示,性取向的建构也与性别不无关系。那么同性恋仅基于"逸脱的"性取向被定义呢,还是被视作"逸脱的"性别?(参见第八章)

这个例子显示,男人在实现"男性性"时攻击他者,从所谓"像个男人"这个观点来建构少数派至关重要。须长(1999)选取了发觉秃顶或觉得秃顶不好意思的契机之一的其他男人的"调侃"为研究对象,对秃顶进行了社会学考察。他指出,男人用"喂,秃驴"调侃秃顶之人并试探对方如何坦然接受,同时将"自己不是秃头"这个信息输送给对方。就这层意义而言,"要证明自己像个男人,必须存在可以攻击的他者。如果没有他者,或者没有总是可以攻击的'少数派',那么从无法稳定存在这层意义上讲,现在的男性性是非常'曲折'的"(须长,1999:198)。通过将穿着特定服装或做着特殊动作的男人放在"同性恋者"的范畴下责难,"调侃"特定的身体特征,来建构"异性恋"或者"没有秃顶,堂堂正正的"男性性。

三、对性别关系变化的抵触

近年的社会变化在各方面开始威胁主导型男性性的正当化。下面,我们将网络、性骚扰审判、体育报这些新局面作为坚持主导型男性性的行为来探讨。

(一)网络对男性性的坚持

在近年的语言环境中,变化最大的就是网络的普及了。当初,人们预想网络的普及将对女人在公共领域的发言起到良性作用。正如我们之前所探讨的,男人有固执于公共领域发言权的倾向,但是在匿名性强的网络上可以进行不受发言者的性别所左右的交流。然而,有研究指出,即便是网络上的交流,也受到男人的支配。

赫林等调查了参与语言学相关主页(Megabyte University,MBU)讨论的人,他们每隔一天分析男人与女人的参与情况(Herring et al.,1992)。

一位男性参加者在 MBU 收集"男性文学论"讲座的参考文献,男女就开设"男性文学论"这个讲座本身展开了讨论。有女性担心女性文学论的研究积累可能要被男性文学论所吞噬。与此相对,男性反驳称,连谈论文学与男性性的权利都要否定吗?

但是,与担心"谈论权利的否定"的男性的预想相反,在这五周的讨论中男性在网络上的发言人数、发言数、发言的平均语数均超过了女性。但是,一位女性参加者在提到"讨论中女性的沉默"这个话题之后的两天内,女性的发言数稍稍超过了男性。这并非男性的发言数减少的缘故。而是女性的发言数增加了。之后的发展是戏剧性的。一位男性暴怒称"让我们男性全都闭了嘴",三位男性称"收集讲座的文献这个良心要求被中伤了",宣称要撤离网络。但是,"让我们男性全都闭了嘴"这个信息有 1918 个词语,是最长的内容,使用了中伤表达的并非女性而是男性参加者。赞同女性参加的男性也被责备"被女权主义者挑唆而背叛兄弟"。

在这里我们可以发现,男性如何认知公共状况下发言权的重要性,以及如何固执于自身的发言。斯彭德指出,如果女性占讨论的 30%,那么男性研究者就会觉得女性支配着讨论。

因此,赫林等也分析了另一个网络的数据,阐明了男人为了切断女人的发言所使用的手法(Herring et al.,1995)。另一个网络是语言学者的 Linguist List (LL)。LL 中女性的参加人数是整体的 36%,女性的公共发言数是整体的 20%,平均语数占整体的 12%。

一位女研究生在这种网页提到了汽车公司的广告"If your date's dog, get a vet.〔如果你和狗(丑女)约会,那就带个兽医〕"。她认为像这支广告一样把女人称作"狗(dog)"是性别歧视,并收集了这个网站上的类似数据。当初只有两位男人有回应,但此后这位研究生上传了自己长达 6 页的调查结果后,男人的愤怒爆发了。而且,6 页是男人信息的平均长度,却是女人登在 LL 上的最长信息。那么男人愤怒的爆发导致了什么结果呢? 结果是,不是研究生而是别的男性通过上传"汽车广告的语言表达并非性别歧视"的概要,消灭了这个(女性提起的)话题。

赫林等将在关于 MBU 的"男性文学论"与 LL 的"dog"的性别歧视性用法的讨论中共同存在的"男人让女人沉默的手法"分成三类:回避;对立;利用。回避还可细分为以下三类。

① "没反应"——无视女人的发言,即不回应

② "岔开"——只采取与原来信息不同的观点

③ "驳回"——认为不幽默、无聊之事而予以拒绝

从"岔开"可见"狭义的焦点化"与"高尚化"。比如,对于 LL 的"dog"的讨论仅用词典的释义来解答,对于研究生的调查结果,指责"图表上应该标为约 40%,而不是 38.7%"。这就是"狭义的焦点化"。研究生应该更广泛地讨论与性别歧视的关联,却将讨论狭小地集中到词典的释义和图表的制作上。所谓"高尚化",是指使用晦涩难懂的词语将讨论抽象化,在"男性文学论"的讨论中,刊登了一位男性罗列了亚里士多德、黑格尔、理性、真理这些哲学用语。从"驳回"可

见"摆架子"和"幽默"。在"男性文学论"的讨论中发现的"为何,各位(特别是妇女朋友——哦、失敬了——女性朋友)那么讨厌研究男人呢?"是"摆架子"的例子。在"男性文学论"中,"Sooo... HHEYYYahHeyaHeyaHeya...!!!!!"这种玩笑逗趣、一笑置之的手法中可见"幽默"。

但是,如果即便用"回避"的手法女人还是不沉默,那么男人就会使用愤怒和责难的"对立"手法。对于主张基于"dog"的"伦理观低下的男子"这个词典释义的广告表达并非性别歧视的男性,两位女性坚决予以反驳。她们的信息里完全没有谩骂表达。但是,与此相对,之前没参加讨论的三位男性激烈责备她们"以政治正当性的名义的检阅"与"缺乏幽默",进入了"这个讨论过头了!(This discussion is going a bit too far!)"与"对立"的阶段。这里让人感兴趣的是以下事实:"男人用强烈反驳性别歧视性解释是在其他女性加入支持那位研究生的解释时(女性写的词语数达到了前所未有的 77%)"(Herring et al.,1995:83)。即便是在"男性文学论"中,只要女人的信息稍稍超过男人,马上就会发生"对立"。

此外,在"对立"不能很好地发挥作用时,男人采取将女人的主张就如同自己的主张一般采纳的"利用"手法。而且,这个"利用"是为了让女人沉默的最频繁使用的有效手段。一旦男人定义了汇集各种点子的女人们的想法,之后就作为他们的想法被提及。结果,局面逆转为男人占据了讨论的优势。

比如,"男性文学讲座"的讨论中三位男人宣称要撤离网络,对此,其他男人将撤离视作"boycott(pun intended)(大人不计小人过)",此外责备"女性在学术性讨论中掌握不恰当的权力的、明显傻乎乎的主张"。"女人让男人沉默"这个主张的愚蠢之处也是迄今为止女人们反复主张的内容。即便如此,"其他人,将这种想法的出处归结为他而不是女性们,而且对他回复"(Herring et al.,1995:87)。同样,在 MBU,令人吃惊的是最强烈反对研究生意见的男人发出了"概要:作为性别歧视语言的 dog"的信息。发出讨论的概要是 LL 经常做的,但是通常发出概要的是发起讨论者,在这个事例中应该是那位研究生。

这些研究显示,"女人的沉默"不是通过社会化习得的,也不是因为低下的社会地位,而是在话语实践中被进行的。男人知晓让女人沉默的手法,这是男人获得权力的重要一步。

赫林等并没有将系列研究与"男性性的建构"相结合。但是,在分析的过程中出现的是通过"被迫沉默的性"与"支配的性"之间的话语实践的对立竞争。男人试图通过在"网络"这种新型公共领域驱使各种手法死守发言权。这不仅显示男人意识到发言与公共权力强有力地结合在一起,而且显示支配公共发言时"主导型男性性"的重要因素。

（二）性骚扰审判的娱乐化

塔尔博特分析了英国的大众报纸《太阳》上的关于性骚扰审判的报道，阐明了在挑战"主导型男性性"的女权主义等想法抬头的现代，男性为了存续"主导型男性性"所采取的手法（Talbot，1997a）。

报道是关于渔业公司老板迈克·奥尔威因性骚扰两位女员工丽莎·拉布雷斯和玛尼·斯汀盾，而被法庭责令支付 6000 英镑罚金的内容。下面，我们展示报道的标题和内容概要。

£6.000 BILL PUTS RANDY FISH BOSS IN HIS PLAICE!

6000 英镑让好色渔业老板成为鲽鱼！

Sex harassment rap

性骚扰的惩罚

By SUN REPORTER

太阳报记者报道

A RANDY fish company boss who tried netting two pretty young employees was branded a stinker by an industrial tribunal yesterday—and landed with a £6.000 bill.

张开大网试图将两名年轻可爱的女员工捕获的渔业公司好色老板，昨日被劳动审判所盖上了恶人的烙印，被判支付 6000 英镑罚金。

刊登了裸照的、面向劳动者的大众报纸刊登了性骚扰判决的报道，这显示了必须要变革家长制的、男权的"男性性"。但是，这篇报道通过以下两种手法回避了读者对"主导型男性性"的疑问：①将性骚扰的判决这种严肃事件作为娱乐性读物来报道；②通过将渔业公司老板作为远离读者的人物来描写使其成为替罪羊。

将性骚扰判决作为娱乐读物来报道，需要采取四种手法。第一，将这篇报道刊登在比报道本身大三倍的裸照旁边。刊登在同一页，会助长以看裸照同样的性取向享受报道的倾向。第二，并不是原封不动地引用法院的判决内容，而是将其改写成口语的"太阳报"式表达。第三，标题等多用头韵、类音等语言游戏。比如，标题"put into place"的"place（地方）"用"plaice（鲽鱼）"替换，从而将被告与渔业公司的老板这一事实联系起来。第四，描写女员工肢体的手法。比较整篇报道中老板和员工是如何被描述的,我们发现老板被称作"randy(色鬼)""stinker(臭家伙)""persistent(纠缠不休)""old romantic(老风流鬼)",除了强调对性方面的执拗外,身体方面的描写有"bearded(长胡子的)""balding(秃顶的)"。另一方面,描写女员工的表达中,"pretty young(年轻可爱)""lovely(漂亮的)""attractive(充满魅力的)""buxom(丰满的)"这种身体性描写最多。通过这些手法,将劳动现场的沉重和压抑作为读起来令人愉悦的娱乐进行再定义。

此外,在这篇报道中,通过将老板描写成与作为《太阳报》读者的劳动者不同的企业家,来拉开与读者之间的距离,使读者将好色下流的企业家被判决支付罚金这事作为发生在与自己不同世界之事一笑了之。比如,被告被正式称作"Mr. Always(奥威兹先生)"或者"Mike Alway(迈克·奥威兹)",这在《太阳报》中较为少见。

在这篇报道中,在传达性骚扰判决中的赔偿要求这种女权主义所支持的社会变化时,通过将其作为反女权主义的、引起读者性方面关注的娱乐读物来建构,且将其作为存在于读者世界之外的可悲企业家的悲剧来提及,隐蔽了人们一直以来对"主导型男性性"的疑问和对其进行改变的必要性。

(三)体育报

由于近代化"主导型男性性"从肉体性攻击力转向经营力、专业知识,在这样的日本,藤田(1994)分析了作为传统男性性圣域的体育报纸。体育报纸的标题通过以下三种方式将读者与体育界的界线暧昧化,建构男人之间的亲密(关于读者请参见本书第七章):①"圣性"(将选手称作"守护神");②"攻击性"(将球团称作"猛虎");③"像男人的文体"(看到了!!)。读者从战败投手身上看到了"男人的哀愁、懊恼",从打了适时安打的选手身上看到了"男人的气魄",通过这些,读者沉浸到在现实社会中被边缘化的传统男性性的世界。

体育新闻与男性性的关系对社会变化和支配型意识形态具有启发性。我们看了将阶级制度正当化的"水户黄门"(日本江户时代的大名,水户藩第二代藩主)后感到"可以安心地观看"接下来可预见的剧情发展,女性读者沉浸在将家长制具现的"浪漫小说"中,这与支配型意识形态提供"稳定不变"的魅力世界不无关系。

*为希望进一步学习的读者提供的参考文献

关于男性性,请参见 Connell(1987,1995)和 Segal(1990)。日本男性性的研究有:渡边(1986)、伊藤(1993)和小谷野(1997)。关于男性性与话语,请参见 Johnson & Meinhof(1997)。

第七章 女性性、媒体、消费

一、作为消费者的女性性

在思考现代的女性性时，我们无法抛开建构"女人味外形"所必需的"消费"。女人们通过每天化妆、穿着女式服装，主动将自己打扮成一个女人。如果关注女人的这些行为，那么就如同性别从名词变成了动词一般，女性性也从"像女人（feminine）"这个形容词变成动词"使其像女人（to feminize）"，我们也能用这种动态视角来探讨女性性。在此，我们将在各种女性性中将身体"像女人"所使用的女性性称作"作为消费者的女性性（consumer femininity）"（Talbot，1998：172）。"作为消费者的女性性"不仅仅是由美貌和好身材构成的抽象概念。这是女人努力让自己的身体"使其像女人"时的产物，使用该产物时的必要概念，是包含熟练使用所必需的实践技术的物质、视觉资源。

"作为消费者的女性性"由媒体建构，具现在女人的身体上。媒体有来自广告雇主的压力因而并不自由，特别是在杂志上，广告与报道的区别很暧昧。媒体的话语里混杂着信息、娱乐的话语和广告的话语。这是女性性与消费强烈结合在一起的理由。媒体将从"是否美丽"这个观点评价女人身体的视角引入杂志，而非"是否健康，身体是否善动"的观点。女人的身体成为"行动的主体"，鉴赏的"物品"。只有通过消费才有可能建构身份。

媒体中的"作为消费者的女性性"在"外形"标准的设定、身体的部分化、商品的区分这种"分类图示（classification schema）"中被建构（Talbot，1998：183）。所谓分类图示，是指为了确立文本的连贯性而援用的分类框架，该框架并没有在文本中被陈述，但作为前提有利于阐明常识化。与"作为消费者的女性性"相关的媒体话语，以媒体提示的"外形"为标准，将身体分成各部分并将其作为分别使用不同产品进行"护理"的对象，以为了靠近理想的"外形"而区分各种商品的差异和用法为前提建构文本，从而对这些分类框架（再）生产。

比如,道尔等考察了美容整形医生与患者在话语中如何建构性别、建构怎样的身体这类问题(Dull et al. ,1991)。他们的研究结果表明,在与美容整形相关的话语中,医患双方的话语中有将身体部分还原的内容。多数接受美容整形的患者能将自己的身体分成各部分并仔细描写。

> I got what I wanted. A clear forehead, no heavy eyelids and bags under my eyes(my eyes weren't too bad to begin with [but] my forehead was heavily lined). No furrows around my mouth. No wrinkles. Neck is great.
>
> 我对结果是满意的。额头漂亮、眼睑也不下垂、眼袋也没了。眼睛整体没有问题。虽然额头有皱纹,但嘴角没有法令纹。脖子没有皱纹,也很完美。

美容整形的患者和医生如此分块谈论身体时,往往将其与“缺陷、缺损、治疗问题”相连接。这发挥着使本质上并无必要的“美容整形”与因事故等引起的身体损伤者所进行的“整形外科”无限接近的作用。通过将身体分块,作为部分“损伤”来对待,将美容整形作为必需品一样再定义。

与女性性的建构相关的媒体的代表性例子有咨询书(Hochschild,1990;Cameron,1995b),广告(Tanaka, 1994),杂志等。下面,我们聚焦多种女性性中“作为消费者的女性性”,分析这种女性性在话语中如何被建构、被正当化、被读者所接受,并探究其机制。

二、媒体的话语

媒体是面向不特定的多数读者的话语。但是,各媒体是基于缜密的市场调查圈定对象读者的。比如,在以下说明中作为例子选取的 *JUNON* 杂志就是“面向喜欢艺人、喜欢电视、对时尚和彩妆感兴趣的女子的采访信息杂志”(报道7.1)。圈定读者并非仅仅因为市场战略,而是由于话语本身拥有设定信息输入者的必要性。信息输出者无法表达一切,因此在以什么为前提这一点上必须做出选择。这时,作者就会期待通过某种形式来补充释义。但是,若要规定将什么作为共同的前提,那么就有必要设定拥有何种经验、价值观、常识的读者。如此,我们将在生成杂志、小说等对不特定多数的话语时所预设的信息输入者称为“隐含读者(implied reader)"(Chatman,1978)。

　　"作者"与"隐含读者"之间的关系并非一一对应。文本中汇集了各种各样的"声音"〔Bakhtin(巴赫金)的 heteroglossia(众声喧哗)〕。就报道而言,既有"想模仿!"这种发话形式的"声音",也有"扎起头发,卷起来,变成成人脸!"这种文本上并非发话的形式,同时还有像以下例子这种隐含在会话形式中的"声音"。

　　(读者:"要想变成成人脸该怎样做才好呢?")
　　编辑:"只要扎起头发,卷起来就可以变成成人脸了哟。"

記事 7.1

タレントのヘアアレンジ①
髪を上げたり、巻くだけでソク大人の顔に！
リクエスト急増中、深田恭子の髪型をマネする。

今、みんなが大注目なのが深田恭子ちゃんの髪型。基本型シャギーからアレンジまで、作り方を徹底公開！　担当ヘアメークの三上さんに教えてもらったよ。

みんながマネしたい恭子スタイルは、ボブをベースにしたオールレイヤー

読者みんなからの「マネしたい！」という熱～いラブコールが集中した、深田恭子ちゃんのヘアスタイル。ドラマ「神様、もう少しだけ」では、今や恭子ちゃんの定番となっているストレートから大人っぽいアレンジヘアまで見せてくれた「ヘアスタイルについて」と話題になった。そこで、まずは一番人気の高いストレートのベースヘアの作り方を解説。

恭子ちゃん自身は「くせっ毛だし硬くて量も多いから、一番気になるのは頭が大きく見えないようにすること」と言うけれど、このスタイルだと全然重たく見えない。読者のみんなも「シャギーが入ってるから長い髪でも軽い感じだし、顔がシャープに小さく見えそう」と、その効果を察知してるみたい。

このカットは、ボブをベースにした全体をレイヤーカットにしたスタイル。サイドにもシャギーを入れ、思い切って後にワックスをつけたらできあがり！

梳いている。前髪は分け目からサイドまで、斜めのラインになるようスライドカットをして流れを出している。

ここまでをベースとして作ってもらったら、あとは毎日のスタイリング。まずはくせ毛を落ち着かせるために、ハープウォーターなどの水分を補給。その後、内側の髪からストレートアイロンでボリュームダウンしていって、毛先は柔らかく見せるために内巻きに。最後にワックスをつけたらできあがり！

（JUNON 主婦と生活社 1999年3月号 p.88より）

对艺人的发型打理①

扎起头发或盘起头发,变成成人脸!

要求激增,深田恭子发型被模仿。

现在,大家极度关注的是深田恭子的发型。她在电视剧《神啊,请多给我一点时间》中仅通过不同发型就完成了从高中生到成年女性的惊奇转变哟。从基本的长卷发到发型打理、制作方法,彻底公开! 发型美容师三上女士将倾囊相授哦。

大家想模仿的恭子发型

以波波头为基础的碎卷发

对于深田恭子的发型,读者朋友"想模仿!"的呼声高涨。在电视剧《神啊,请多给我一点时间》中,从现在恭子的固定直发到成人化发型打理一览无遗。当时"发型不同,年龄完全不同!"一时成为话题。对此,大家应该还记忆犹新。

因此,首先我们来解说一下最受欢迎的直发基本制作方法。恭子自己也说"我天生卷发,头发又硬又多,所以我最在意的就是如何让脑袋看起来小点儿",直发的话,脑袋看起来一点都不重。读者朋友似乎也已发现这种发型的效果,"因为下端有点小卷曲,所以即便是长发感觉也很轻快,而且脸看起来又尖又小"。

这种剪法是在波波头的基础上加进分层式碎发的发型。侧面也加入一点小卷,然后一梳到底。刘海是斜刘海,从头路到侧面剪出一条斜线。

如果打好了以上基础,那么之后只需每天维持护理就行。首先,为了让头发服帖,需要使用发型水等给头发补充水分。然后,用夹直板夹烫内侧头发,使头发看起来量少,为了让发端看起来柔软,需要往内卷曲。最后,打上发蜡就大功告成了。

（引自 *JUNON* 主妇与生活社;1999 年 3 月号,第 88 页）

Talbot(1992)将分析文本中各种"声音"的工具分成"行为者(interactants)""出场人物(characters)"和"主体位置(subject positions)"三大类。所谓"行为者",是指作者、读者等通过文本相互对话的人物,就报道而言有"编辑"和"读者"。所谓"出场人物",包括实际存在、想象中的人物,以及可被其"声音"表示、引用、作为前提的人物。就报道而言,有"各位读者""深田恭子""首席发型师三上小姐""美发的美容师"。所谓"主体位置",是指作者从各种主体位置同读者搭话。就报道而言,接受读者要求时的"编辑",提供深田恭子发型信息时的"专家"都采用了主体位置。

另一方面,"隐含读者"的人格与这些"行为者""出场人物""主体位置"相对应。比如,与"编辑"这种行为者相对应的是"读者"这种行为者、作为"各位读者"这种出场人物之一的"读者"。此外,与"受理读者要求的编辑"相对应的是"发出要求的读者"这种主体位置。

这时"隐含读者"不仅仅是抽象概念,而是作为拥有特定身份的人物被建构。报道中的隐含读者作为拥有由以下特定因素构成身份的女性被建构。

① 前提(对女性而言发型很重要)

② 价值观("成人脸""小脸"好,深田恭子的发型好)

③ 欲求(希望模仿深田恭子的发型)

④ 行为(观看电视剧《神啊,请多给我一点时间》,给杂志打电话请求告知深田恭子的发型打理方法)

⑤ 发言(说"想模仿!""发型不同,年龄完全不同!")

⑥ 知识(知道"长卷发""波波头""碎发"等语言表达的意思)

⑦ 习惯(每天护理头发的"每日造型")

⑧ 可实现行为的人际关系(能在美容院实现"美发的美容师")

⑨ 拥有产品(拥有"发型水""夹直板""发蜡")

⑩ 技术(会使用"发型水""夹直板""发蜡")

实际读者是否与隐含读者共享这些因素,因各读者的价值判断不同而不同。

因此,文本往往下功夫让实际读者与隐含读者较易共享身份。塔尔博特提出了"文本社区(text population)"的概念,认为"传媒作为文本社区的成员建构读者的身份"。所谓文本社区,是指出现在文本中的主体。就报道而言,是我们上述①～⑩共享者的团体。通过预设这种虚构的社区,并将"隐含读者"定位为其中一员,可以让共享更加容易。

对于以不特定多数人为对象的传媒,费尔克劳夫指出"倾向于通过给人将团体作为个人来对待这种印象来弥补不完备"(Fairclough,1989:62),并将其称为"综合型人格化(synthetic personalization)"。为了实现"综合型人格化",要援用以下手段:①相互对话这种印象;②与"积极礼貌"相结合的正式措辞;③共同性的确立(Talbot,1998)。塔尔博特着眼在 *Teen* 杂志中进行"综合型人格化"时建构作者与读者之间的"亲密关系（friendly synthesis）"的倾向，认为通过这种"亲密关系"将读者带入文本社区之中。即读者在解释文本的过程中与拥有各种人格的人物对话，在与这些人物建构亲密关系中建构文本所建构的社区一员的身份（Talbot，1992）。

文本层次中"亲密关系"的建构，在英语中是通过直接称呼读者为"you（你）"或使用与"隐含读者"相同的措辞来实现的。另一方面，在上文报道 7.1 中，取代"you（你）"，"大家"被多用，还有"你真了不起啊""教我了哦""热乎乎的 love call""很新是吧""貌似察觉了这个效果"等年轻人用语、外来语被多用。此外，通过"よね（是吧，yone）"来确定与读者之间的相互行为。"变化令人吃惊是吧"以"嗯，是的"等读者的反应为前提。

报道的"发型社区"拥有以下特征：①与消费相结合（以拥有各种产品和工具为前提）；②所有会员通过消费可以简单入手（"只要卷起来""一个发型""完成！"）。这篇报道通过将读者拉进作为全体会员的团体中，从而促进读者建构作为消费者的女性性。

但是，为了让读者接受报道内容，仅进行亲密人格化是不够的。为了让报道内容具有可信度，需要引用专家的知识。除了朋友之外，作者通过获取顾问、指导、专家的主体位置来给信息加上权威性。通过消费话语的作者引用专家知识，显示了近代社会"资本引发的专业知识殖民地化"这个深刻的问题。

利用专家，这对女性性的特有矛盾特别有效（Ballaster，1991：143）。在二元对立式性别观根深蒂固的社会，女人被认为是天生的女人。因此，成为女性杂志的读者。另一方面，女性杂志中提及的女性性的目标，往往与现实中的自己相背离。杂志的女性性可以通过努力实现。即女性性存在"自然"为"女性"与"文化性"实现的"女性性"这种矛盾。与"女人的困难"相对，通过杂志建议建构女性性的形式，杂志话语提高了其信息价值，并成功地让读者充满感激地接受了它。

三、建构读者——序列型相互依存

女性杂志数不胜数，有研究指出，女性杂志的话语存在几个共同点（Eggins et al.，1997）。杂志话语建构"隐含读者"，为了让实际读者与"隐含读者"之间的距离无限靠近，通过文本层面、文本结构层面，以及社会文化层面的各种方法可以做到。

林分析了日本的女性杂志，指出杂志话语在建构作者作为援助者帮助读者的"上下关系"的同时,也存在着建构作者与读者之间亲密关系的"相互依存关系",杂志话语中还援引了更广的文化社会层面的人际关系中可见的"序列型相互依存(hierarchical interdependence)"（Hayashi,1995,1997)。所谓"序列型相互依存",是指阶层关系并非疏远地连接在一起,而是形成上保护下、下依存上这种相互依存关系。

首先,上下关系的建构显现在无意义的混合语上,如"プリコン〔可爱的保守主义者,プリティー(pretty)＋コンサバティブ(konnsabathibu)〕""デルカジ〔模特简装,モデル(model)＋カジュアル(casual)〕";婴幼儿用语上,如"ぶたさん(猪猪,butasan)""おうち(家家,ouchi)""おでかけ(出门,odekake)";给汉字标注读音上。通过这些话语建构的读者拥有"不成熟、孩子气、未受教育"的人格,对于这些读者,作者处于热心指导的上位关系。

另一方面,杂志话语的另一些特征:①通过使用会话的文体,让读者参与与会话中;②通过让读者补齐文本,让读者自身直接发言;③通过省略后半句话,让读者一起生成文本,从而建构与读者之间的个人关系。比如:

> こんなコート、欲しかったんだよね。（Hayashi,1997：368)
> 这种大衣,你曾经想要的吧。

在这句话中,首先,句末的"ね(吧,ne)"与"欲しかった(曾经想要)"不同,它要求"うん(嗯,un)""そう(是的,sou)"等回答,就这一点而言,它具有半疑问的功能。同样,"欲しかったんだ(曾经想要的,'んだ'是'のだ'的口语形式)"中也有着"欲しかったのだ(曾经想要的,'のだ'是'んだ'的书面语形式)"所没有的那种确认说话者与听话者共同兴趣的意思。此外,建构与读者共同会话场的表达有"～しよう(一起……)、だろう(吧)"等。这种会话形态在让读者形成除了"该将文本作为怎样的东西来解释呢?"之外,在形成"该作为拥有何种身份的作者来解释呢?"这种超规则(metarule)上,是行之有效的方法。其次,让读者补齐话语的代表性例子是主语、名词句、动词句的省略。上述例子的主语也被省略了,因为主语很模糊,因此如果将这句改成会话形式,那么就可能有两种行为。一是作者提问"你喜欢这件大衣。是吧?",读者回答道"对的"这种会话。这时的信息输出者是作者。另一方面,读者出现"我想要这件大衣,并对你说了这事儿"这种解释也有可能。这时可能的回答是,比如,第三方回答"是嘛。你曾经想要这件大衣啊"。这时的信息输出者为读者本身。这个例子通过省略主语,使读者

的直接发言成为可能。此外，还有"～知りたい（……想知道）""～してもらおう！（让……帮我们做）""～と言えそうだ（可以说是……）"这种通常主语为第一人称的"～たい（……想）""～もらう（让……帮我们）""そうだ（看样子……）"的使用也促使读者的直接发言。最后，杂志话语拥有省略后半句让读者自身完成发言，让读者与作者一起建构话语的特征。比如，通过"生野菜、大好きなんだけど…（生的蔬菜，我很喜欢，但是……）"这种不完整的句子让读者建构话语，让读者自己完成作者的意图。这些"会话体""省略部分的补足""共同建构"建构了作者与读者共同的会话场，通过让读者直接发言、与作者共同建构话语，发挥着将读者人格化并拉进话语建构的社区中的作用。

此外，杂志话语整体的构成设定了"上下关系"与"依存关系"的框架。林（Hayashi，1997）分析的 6 页有关"丑角"的报道中，最初的 1～2 页通过"依存关系的话语"附上会话场的框架，将读者拉进文本的会话中。页面上边的"（与恋人）打电话的女性"的照片提示因购买商品而被制约的理想，下边是商品的照片。接下来的 3～4 页设定了读者的身份，即作为用了心理学专家建议知识的"上下关系的话语"与接受这个建议的"依存关系的话语"双方的"被专家帮助的社区"一员的身份。页面上边白人情侣的照片并非仅仅是被制约的理想，同时也显示了日本女性理想的恋爱对象是白人男性这一情况。最后的 5～6 页通过由满足幸福女人条件的女性话题和三位名人的建议构成的"上下关系的话语"，提示了女人的成见。杂志话语"形成了行使销售商品的权威权力与读者的'同在关系'"（Hayoshi，1997：382）。

这个研究通过将片假名的使用、会话的文体、省略等文本层面的特征和"会话场的框架""专家的建议""理想像的提示"这种文本结构层面的特征，融入"序列型相互依存关系"和"白人的理想化"这种日本文化社会层面的结构中，无限拉近了"隐含读者"与实际读者之间的距离。

四、不断制造性别类型的媒体话语

杂志话语除了有来自广告雇主的压力外，还需要应对社会变化。女性杂志是如何应对近年的性别关系变化的呢？

卡尔达斯·科尔塔德分析了被译成 22 国语言的法国杂志《玛丽嘉儿》（*Marie Claire*）的报道——"'我向男人买春'——10 位女性口述原因（'I pay men for sex'—Ten women explain why）"，并阐明所谓脱离性规范的这篇报道内容,实际上再生产了传统性别关系(Caldas-Coulthard,1996)。

首先,这篇报道比较显著的是,出现了很多将性商品化的话语。通过将性作为读者消费的商品来提及,是将杂志也作为商品被消费的战略。除了上述列举的例子外,在阅读(消费)"买春享受的女人(Women who pay for sex and enjoy it)""谈论情人的男人(Men talk about their mistresses)"等有关性的报道行为中性成为商品(江原,1995b)。

一方面性的商品化显著,另一方面又在传统性别关系的框架下看待女性的性取向。"我向男人买春"这篇报道,将女人花钱与男人发生性关系这种脱离传统性别观的性行为通过10位女性的"讲述"使这种形式商品化。但是,讲述的女人们被标记成"伊莱恩、37岁、主妇、母亲",通过这种"姓名、年龄、夫妻关系、母子(女)关系"的传统性别关系的框架被赋予身份。即便在口述者自身的文本中,也通过与丈夫的关系讲述自己,从职业地位来讲述丈夫。

> My husband Leo died four years ago. We had been married for nearly 40 years and his death was a horrible shock. I recently moved next door to my daughter and I have lots of women friends and have very good pension from my husband's company. (Caldas-Coulthard, 1996: 266)
>
> 我的丈夫里奥4年前过世了。我们结婚近40年,他的离世对我来说是个可怕的打击。我最近才搬到女儿家附近,我有许多女性朋友,也能从亡夫的公司领取足够的抚恤金。

另一方面,作为性伙伴的"情人"既没有姓名、家庭关系也没有职业地位,而仅仅给予"肉体"这个身份。

> He looked like one of the Chippendales... he was a young Australian with huge muscles and lovely blond hair. (Caldas-Coulthard, 1996: 267)
>
> 他是拥有可参加"猛男秀(Chippendales)"那种体格的男人。(略)他是一位澳大利亚年轻人,肌肉发达,拥有一头金发。

女人们的"讲述"中还有一点让人感兴趣的——她们对这种脱离常规的性经

验的否定性评价。

> The sex was very good, but I felt miserable about it afterwards. Whenever I have paid other men for sex, I have always been left with that same feeling of loss. (Caldas-Coulthard, 1996: 268)
> 性是令人愉悦的, 但事后很惨。每当我向男人支付性交易的费用, 我就感到怅然若失。

这里传递给我们的信息是, "不要做这种事情"或者"可以做但是事后要后悔"。性交易的讲述者, 一方面提及脱离常规的性行为, 另一方面又再生产传统的性规范。

梅纳德比较了刊登在日本年轻男性、女性杂志上的相同商品的广告, 他也指出在作者与"隐含读者"的"亲密关系的建构"方法中采取了反映自古以来的性别差异的不同战略 (Maynard, 1995)。梅纳德首先将杂志广告分成构建亲密度的广告和仅提示商品的广告两大类, 并指出"仅有商品"这种类型在男性杂志的广告中更多见。其次, "亲密关系"分为语言建构的场合和视觉媒介 (主要是照片) 建构的场合, 视觉性建构在女性杂志中较为多见。再则, 比较同款牛仔裤的广告, 他发现女性杂志采用与隐含读者同龄或相同生活方式的年轻女性正面微笑照及"すっごくソフトなんだから (非常柔软)"等表达, 将使用本产品的照片上的女性设定为朋友向读者推荐、建议的主体位置。另一方面, 男性杂志的同款牛仔裤广告, 照片上的男性不仅傲慢而且文字表达也是"どんな常識もこいつにはかなわない (任何常识都比不过他)", 作者建构了带着权威向读者推荐的关系。索恩博罗证明在英语的广告中性别偏见也被再生产 (Thornborrow, 1994)。

即便是在迅速吸取社会的性别关系变化的杂志和广告等媒体话语中, 传统的性规范和自古以来的性别偏见也被再生产。

与此相对, 在性别关系与性规范方面保守的媒体话语也通过采用性别关系和性规范的"脱离"这个主题将话语商品化, 可以说, 在这一点上它是先进的。费尔克劳夫表明, 大学的入学指南与广告话语相似, 并将这种现象命名为"话语的市场化 (marketization of discourse)" (Fairclough, 1995)。"话语的市场化"这种社会变化, 不仅让话语自身商品化, 而且让"性"和"大学教育"等话语的话题也商品化, 同时, 与该话语相关者的身份也商品化。在"我向男人买春"这篇杂志报道中, 不仅是被还原成"肉体"的"情人", 连"将自身的性体验转换成话语出售"的女人们的身份也被商品化。

五、媒体话语中的创造性身份建构

在前一小节,我们指出媒体话语再生产传统的性规范和性别偏见,也再生产男性支配的意识形态的问题。与此不同,女权主义理论主张,女人不仅被动地接受媒体再生产的意识形态,还通过观看、阅读媒体的"乐趣"获得力量。比如,通过阅读女性杂志的"乐趣"获得跨越性别歧视现实的力量。但是,将女人视为媒体牺牲者的主张和从媒体获取乐趣的主张都存在将女人与媒体的关系一元式看待的局限(Bucholtz,1999b:349)。不如说,我们有必要摸索女人一边受消费结构和性别关系的制约,一边创造性地建构身份的这种媒体与女人的多元关系。

库普兰分析了"征婚广告"。他指出,即便在必然将自己作为商品广告的"征婚广告"中,广告雇主也采取各种努力抵抗将自己的身份商品化的情况(Coupland,1996)。

刊登在杂志上的"征婚广告"和看了该广告、听了广告雇主录音电话服务的话语都被定型化。如下例所示,广告拥有以下结构:①"广告雇主";②"正在寻找";③"对象";④"目标";⑤"(意见)";⑥"联系方式"。

> 征婚广告　YORKS LADY 39 DIVORCED VGSOH GOOD
> LOOKING LONG NATURAL BLOND HAIR
> SEEKS FUTURE HUSBAND IN CORNWALL
> 40~50 BOX 212. (Coupland,1996:198)
> 约克斯　女　39 岁　有过婚史,为人幽默、端庄秀丽、金发飘飘,觅居住在康沃尔,40~50 岁的有缘男士为伴。(有意者私信212)

在这种定型化的话语中,很难创造性地建构身份。因此,在"广告报道"中,如果是异性恋的男人,那么向对方寻求的就是"魅力女性";如果是女人,那么寻求的是"专业职务的男性",几乎都是这种性别成见(Shalom,1997:194)。

但是,与上述报道对应的录音中,也许是对"出售"自己的一种抵触,征婚女性将"端庄秀丽"变成他人的评价而并非自己的意见。

I'm considered to be very attractive or well so people say
(laughs). (Coupland,1996：198)

我现在端庄秀丽，哎，这是其他人说的（笑）。

下面的例子不是录音。即便在定型化的报道中，也通过强调女人的外表、拒绝将女人视为从属性别的想法，来抵抗将自己商品化的广告话语。

①广告

FAT SINGLE MOTHER WITH HOUSE FULL OF ANMALS,
LANCS, SEEKS SMALLISH MALE WITH GSOH, ANY RACE
COLOUR BUT NO BALDIES, 27~40 ISH FOR FUN AND
FRIENDSHIP BOX 792

肥胖单身母亲，家中动物泛滥，觅有缘小个男性，人种不限，秃顶谢绝，27~40 岁左右，求快乐友情，有意者私信 792

②录音

Hello! My name is Sue. I am single, twenty-seven, and have a
fifteen month-old daughter. I only want to hear from people who have
a genuine interest in animals and don't have a macho attitude. I am
not interested in marriage, only friendship, and would like to meet
someone who'll share in my interests for a change. (Coupland,1996：
200)

大家好！我叫苏。今年 27 岁，单身，有个 15 个月大的女儿。我等待真心喜欢动物、没有男尊女卑思想者的回音。我对结婚不感兴趣，只是交友。我希望遇见与我分享爱好并试图改变人生的男士。

这里采取了将对方商品化的战略，而不是将自己商品化。报道中，将自己范畴化成否定性的"肥婆"，用"秃顶谢绝"选定对象，在录音中以"我的爱好"最优先。广告雇主们通过不同程度地依从、违反高度市场化的"征婚广告"的话语规范来回避商品化，尝试话语的人格化。

主体有时利用媒体设定的主体位置，积极建构身份。布克赫茨对电视购物的分析显示了这一点。电视购物节目的主持人不仅介绍商品，而且购买了商品的观众也会给主持人打电话（Bucholtz,1999b）。观众几乎都是女性，主持人则既有男性又有女性。观众来电寻求的是对主持人所介绍的商品进行信息补充，增加商品信息，并介绍实际使用感觉良好的"感想"，从而给予信息可信度。这时，节目所期待的话语仅仅是商品的用后"感想"。

但是，这个节目除了性别，还与社会阶层的差异因素有关。观众是下层中等阶层，这从观众是非标准形（不是标准形）表达的使用者这一点上一目了然。另一方面，主持人是使用标准语的中等阶层。在这一点上，两者的关系与买方比卖方社会地位高的百货商场不同。观众通过与主持人通话这个话语试图建构高一层的身份，就反映了这个差异。这时，观众试图建构的话语拥有可被称作"权威的获得"的框架。通过这种相互行为，将"购物"与"让自己更上一层"相连接。实际上，观众在称赞商品时多用"classy"（是阶层的"class"的形容词形，表示"上等"之意），如同"Thanks QVC（节目名称）for the class（我想对给予我阶层的节目说声谢谢）"（Bucholtz，1999b：355）一样，将商品和阶层同等对待。

与仅寻求"感想"的主持人不同，观众通过各种方法追求"让自己更上一层"的身份，与主持人共建权威。其方法之一是，披露有关电视购物商品的知识。下面的例子是，买了手镯和项链的观众打进电话，也不管现在主持人就戴着这款商品，先讲述商品编号（J27076）而不是商品名称，主持人不明白，这才开始讲商品目录名称（"手镯和项链"），再仅仅提描述这款商品的形容词（"三色的"）。

观众：And so I ordered J27076.（我订了 J27076。）

主持人：Two seven oh seven six. which one is that?（J27076。是哪一个？）

观众：That's the...（那是……）

主持人：Yes!（嗯!）

观众：The bracelet and necklace, the three tone?（手镯与项链，三色的。）

主持人：Yes. The one that I have on.（啊，就是我现在佩戴的商品。）

（Bucholtz，1999b：353-354）

观众通过披露与商品相关的知识，显示自己是"电视购物"这个虚构的"上等的"社区一员。

但是，这个尝试有时会由于主持人的建议而仅仅成为"感想"。

观众 ：You wanted to know about the Amcor ionizer?（你想知道安姆科公司的负离子发生器，对吧?）

主持人 ：Please.（请讲。）

观众 ：I ordered one last year for my pastor. He has so much trouble with allergies and was having so much difficult speaking you know on Sundays.（去年我给教会的牧师买了。你知道，他的过敏很厉害，星期天说教时真是够呛的。）

主持人：Sure.（真的啊。）

观众 ：So, so I kept seeing this so I decided I'd order one and give it to him，and he has had very little trouble with his asthma since. And has thoroughly enjoyed having it.（我是看了这个节目之后下订单给他买的。之后哮喘也基本好了，他说用了真好。）

主持人 ：Ruth，you are a very very sweet person. A lot of times when someone is having allergy problems they go to the doctor and they take the allergy shots and the medication and everything. A lot of doctors actually will recommend pats machine something like this，an ionizer air cleaner because they really do make a difference.（露丝，你真是一个非常非常善良的人。过敏的人一般都去医院打针或吃药。实际上很多医生都推荐这种机器。负离子空气清新器。这是因为它真的很有效。）

（Bucholtz，1999b：361）

　　这个观众宛如自己是对这个商品非常熟稔的专家一般开始讲述。不仅仅是通过"你想知道安姆科公司的负离子发生器，对吧?"来引出，还在主持人提问前就讲述了自己购买这个商品的来龙去脉。但是，这种观众的权威获取尝试却无法轻易成功。在这个例子中，主持人的"你真是一个非常非常善良的人"将之前观众所说的负离子装置对过敏有效的谈话内容归为个人"感想"而非专业"信息"。而且，主持人之后通过提供医学信息，来重塑自己的权威。通过给予观众的"信息"——"你真是一个非常非常善良的人"这种感情评价将其归为"感想"，这是电话通话中常见的方法。

　　如此，女性观众利用媒体设定的"陈述所购商品感想的下层中等者"的身份，展开将与主持人的通话作为"获得权威"话语的大胆尝试。但是，这种尝试却不会轻易成功。这个研究显示：①女人并非被动地受缚于性别意识形态，而是试图利用所赋予的资源积极建构身份；②性别与社会阶层等身份项目密切相关；③这些一切身份建构实际上都是在相互行为中进行的；④相互行为的参与者相互切磋琢磨，相互"交涉"身份。话语成为我们相互交流身份、相互战斗的场所。

　　并非只有女人受话语的市场化、身份的商品化的影响。媒体话语通过受缚于经济性的规范再生产传统的性别关系，促进基于消费的性别意识形态。但是，主体进一步利用"资本"引发的消费者化，互相搏斗试图能动地建构身份。

　　＊为希望进一步学习的读者提供的参考文献
　　关于日本的杂志，请参见：井上辉子、女性杂志研究会（1989），诸桥泰树（1993）和 Skov & Moeran（1995）。关于 Teen 杂志的意识形态，请参见 McRobbie（1982）。关于少女的杂志"阅读行为"，请参见 Frinders（1996）。关于消费文化与女性，请参见 Andrews & Talbot（2000）。

第八章　性取向(sexuality)

继性别之后,性取向(sexuality)进入了将性从生物学性决定论解放出来的女权主义领域。正如"性在双腿之间(即性器),性取向在双耳之间(即大脑)"(上野,1995b:2)所表明的,我们将什么视作性取向,又如何对待性取向,这是从社会性建构、文化性习得的。本书第五章探讨的福柯的研究,为我们提供了一个将性取向视作历史性、政治性赋予性行为意思的视角,而非性行动和性意识。他提出性取向并非生物学本质,而是由话语历史性建构的知识这个观点。这里存在性取向与话语研究的可能性。主体是如何通过话语建构性取向的呢?我们赋予的有关性取向的意思又是如何建构、支配的呢?我们如何利用它来建构(或者不建构)性身份呢?

性取向研究一直伴随着性取向概念界定的困难。第一,性取向与性、性别密切相关。三者处于何种关系又该如何区分?第二,福柯等学者的众多研究显示,性取向是近代的产物。即基于性的本质主义的、超历史的性取向被否定了。第三,被定义为"性现象""性欲望""围绕性的观念与欲望的集合"(上野,1995:2)等,性取向成为"无定义概念"(上野,1996:6)。我们称作"性取向",并表达、进行相关行为,这就成了性取向。此外,还有一个问题就是,日本是否熟悉性取向概念?日语的"色""淫"是性取向吗?

有关性取向与话语的研究才刚刚起步,还未到可以提交明确成果的阶段。下面,我们将性取向视作有关性嗜好、志向或者性欲望的知识与实践(关于这种性取向概念的问题,请参见:赤川,1999),概述有关性嗜好、志向与性欲望和话语的关系的研究。

一、性向、嗜好

(一)异性恋意识形态

产生性取向概念的近代史拥有"对幻想(二元对立幻想)"(吉本,1968)和"强制异性恋"(Rich，1986)的特点,即有着男根、生殖中心型性特征。在基于生殖的身体互补关系投射到二元对立性别的权力关系上的近代,异性恋是规范,一对男女是幸福的。因此,近代是女人逐渐远离身体的历史。

将性别视作二元对立的性别意识形态,意味着存在"女人"与"男人"这个对极范畴之间的性取向。这种性取向的规范化,被称作"异性恋规范(heteronormativity)"。所谓异性恋规范,是指"将异性恋定位为……性/性别体系之基础的秩序与法则,拥有通过异性恋规范强行构建私人性取向和性别的力量"(Leap,1999：262)。异性恋规范强迫人们基于二分法探讨性别(sex)、社会性别(gender)和性别身份。

米尔与怀特分析了女性女权主义者的异性恋与同性恋的对话和访谈(Mill et al.，1997)。他们的研究结果显示,在英国社会,成为规范的身份和关系阻碍着女人们身份的建构。

首先,米尔与怀特指出,在对性取向的分析中,异性恋的批判性分析是不可或缺的,此时有必要区分以下三者:①与男性拥有性关系;②将性关系纳入自己的身份建构中,即纳入"规范性异性恋的框架";③将异性恋作为规范,给予异性恋的女性以特权的制度性异性恋。根据这个区别,与男性拥有性关系,既可能不与对男性支配的从属相结合,也无法成为毫无批判地享受异性恋特权的政治立场。

所谓"规范性异性恋的框架",是指将异性恋关系作为"叙事图示"的系列发展阶段的连锁来看待的观点。比如,表示有关异性恋的性关系词汇〔lover,friend,partner,husband,wife(情人、朋友、伴侣、丈夫、妻子)〕,就表示了该关系处于系列发展阶段的哪个位置。男女如果认识那么是否有性关系,如果有性关系那么是否同居,如果同居那么是否朝着结婚"发展"。即异性恋关系仅作为最终朝着结婚发展来对待。因此,重要的是,是否有性关系。没有性关系的异性关系均被称作"友情",被视作发展成重要关系的前期阶段。

这种图示,在异性恋关系中限制着新身份的建构。比如,即便选择不提交结婚申请的关系,那么女性如果给男性的单位打电话的话,对方也会说"你是某某的夫人吧"。明明对方并不在意你是否已婚,但是需要特意回答"不,我是他的伴侣",这是最令人为难的(Mill et al.,1997：243)。女性要注意不能仅因为和男性一起行动就被他人误认为是一对恋人。实际上,接受访谈的多数女性并不赞同这种规范性异性恋,她们在与男性的关系中巧妙地建构着异性恋身份。

（二）同性恋性身份的建构

同性恋身份建构中有着在异性恋中所看不到的问题，这些问题给性取向有益的提示。首先，为何"非异性恋"成为同性恋这种"异性恋/同性恋"二元对立范畴。这种范畴在"异性恋者没必要表明、认知这是异性恋"这层意思上处于不均等的权力关系中。其次，与"是同性恋者"这个范畴化相伴的"通过性取向给人下定义"这个行为的问题。异性恋者根据职业和性别角色来给人下定义，然而为何同性恋者根据性取向来定义呢？最后，根据性取向定义同性恋者时，被认为"女人没有性欲望"而被否定"性欲望"的女人，却通过性取向被范畴化为"女同性恋"，这不是自相矛盾吗？这里，性别影响着女性同性恋与男性同性恋的范畴化差异（挂扎，1995）。

这些基于异性恋规范的同性恋不可视化、边缘化，以"与性取向相关的表达非常贫乏"这个形式反映在语言当中。瓦伦丁分析了日语中指代同性恋者的词汇。他的研究显示，同性恋者是从性别的越境视角被定义的，而非性志向（Valentine，1997）。"オカマ（okama）"这个词，通过使用厨房这个与女性的性别相结合领域的词汇，来指代男性同性恋。在根据语法上的性（男性形、女性形）来区分指代人的词汇的法语等语言中，同性恋者相互指代彼此时使用异性恋的规范（Livia，1997）。女性称呼自己的女性恋人时，只能选择男性形或是女性形。哈维分析了英国的男性同性恋是如何称呼恋人的，并指出即便是英语也有男性同性恋称呼恋人为"my husband（我的丈夫）""my wife（我的妻子）"的情况（Harvey，1997）。

既然语言准备的资源是有限的，那么同性恋者就被迫使用这些资源创造关系。比如，小川与史密斯分析了居住在大阪的一对同性恋恋人矢野与隆志的纪录片（Ogawa et al.，1997）。他们的研究结果显示，这对恋人使用异性恋者夫妻使用的第一人称代名词和第二人称代名词来指代自身和称呼对方。矢野多称呼自己为"オレ（我，ore，男性第一人称代词）"，称呼隆志为"オマエ（你，omae，第二人称代词，用于上对下或丈夫称呼妻子）"。隆志则多用名字称呼自己，称呼矢野多为"アナタ（老公，anata）"或"パパ（爸爸，papa）"。

另一方面，有时同性恋者也会巧妙利用性别带来的定义，创造性地建构当时的关系。比如，尽管两人没有孩子，但是在特定的状况下他们互相称呼对方为"ママ（妈妈，mama）""パパ（爸爸，papa）"。隆志称呼自己为"ママ（妈妈，mama）"，是在发现矢野与之后同住的年轻的善仁之间有关系从而发生争执的情

况下。"ヨヒトがママに全部言うわ言うからさ、な?(善仁会全部对妈妈说的,会全部说的吧?)"(Ogawa et al.,1997:410)。在这里,隆志不仅仅将自己与矢野的关系确定为在"异性恋夫妻"的框架下的稳定关系,而且通过将善仁作为"两人的孩子"再定义,从而使继续三人的生活成为可能。

霍尔与奥多诺万观察了印度的"海吉拉斯(hijras,性别模糊的人们)"如何使用只拥有两种语法性别的印地语的自称词(Hall et al.,1996)。他们的研究表明,"海吉拉斯(hijras)"区分使用自称词,在表示社会距离时使用男性形,在表示连带关系时使用女性形。这些研究明确显示,性别身份并非说话者事先具备的属性,而是通过使用语言而建构的。

上述例子,通过援引有关性别的性别意识形态来建构性取向身份。但是,在公开声称自己为同性恋的出柜(coming out)话语中,采用了通过超越在以异性恋为规范的意识形态中赋予同性恋的否定意识形态来建构同性恋身份的方法。

伍德分析了六位女同性恋者(其中五位为听力障碍者)所讲述的自己出柜的内容(Wood,1999)。他的研究指出,为了建构女同性恋者的身份,他们要利用在各话语中通常被预想到的相互行为框架(frame)和在异性恋社会中有关支配型同性恋的意识形态。比如,在辛迪发来的电子邮件中可见以下"讲述的框架"。

①作为异性恋者被养大

②被女性吸引

③无视自己被女性所吸引的心情,作为异性恋者而活动

④承认自己被女性所吸引的心情,作为女性同性恋者而生活

同样,辛迪的电子邮件中还有"电子邮件的框架",比如"错了也没关系(kids,can t)""不写成大写字母也没关系(i)""缩略词语(abt)"。

> My mom ask me why i became gay I told her i was crazy abt women ever since i was a kids but thought I can t have that so i got marry and had four great kids and grandchildren.
>
> 妈妈问我为什么成为女同(即女同性恋),我回答她说我打小就喜欢女人。但是,因为觉得这样不行,所以我与男人结婚,并有了四个可爱的孩子和孙子。

此外,辛迪在这里对同性恋者提出了两种异性恋意识形态。其一,作为妈妈的"why i became gay(为什么我成为女同)"这个问题前提的"同性恋并非与生俱

来的(是自己选择的变态,是一种病)"这种支配型意识形态。与此相对,通过
"ever since i was a kids(从孩提时代起)"表明"同性恋是与生俱来的"这个反支
配型意识形态。其二,作为"but thought I can t have that so i got marry(但是,
因为觉得这样不行,所以我与男人结婚)"这部分前提的"并不存在同性恋,只是
采取与他人不同的行动而已(因此如果结婚的话,那么就可以选择异性恋)"这种
意识形态。

辛迪通过讲述的框架展示支配型意识形态的越境,来建构作为女同性恋者
的身份。在这里,有关同性恋的歧视性意识形态在严格制约着同性恋者身份建
构的同时,也成为可建构身份的资源。异性恋通过否定同性恋而成立,另一方
面,同性恋通过否定这种否定建构性取向身份。

(三)被表演的身份

在个人的性取向成为话题的话语中,异性恋规范限制着同性恋者的身份建
构。在对同性恋者的歧视根深蒂固的社会,在同性恋者必须谈论性取向身份的
状况下有以下两种可能:①自己是同性恋者;②自己是异性恋者。前者的"出柜"
会受到相应的制裁,后者则伴随着"撒谎"这个烙印。因此,多数同性恋者选择的
第三个方法是:建构有关性取向的"暧昧身份"。Liang 将这个方法命名为"同性
恋含义(gay implicatures)"进行分析(Liang,1999)。

同性恋含义的例子有使用"person(人)""they(他们)"这种不指定性别的词
汇的场合,以及下例这种狭义限定的对应。B(异性恋者的男性)试图邀请L(同
性恋者的女性)去约会。

①B:So, dating any men?(有正在交往的男人吗?)

②L:No.(没有)

③B:Why not?(为什么?)

④L:I'm not interested in finding a man.(不想找男人。)

⑤B:Just haven't found a good enough man, eh?(只是没找到
好男人吧?)

⑥L:No, I'm just not interested in finding a man.(不,只是不想
找男人。)

(Liang,1999:303)

　　这时,L 的性取向身份根据 B 如何解释④而不同。如果将④解释为"没有找过男人",那么可以解读为 L 是同性恋,如果解释为"谁也没找过",那么还留有异性恋的可能性。④的解释含糊不清,因此被视作"含义"。

　　这个例子显示身份可能随着对方和语境改变而改变,即是在相互行为中共同建构的。同时,也显示身份包含着之前的经验所积累的"私人身份"和在特定的相互行为中所实现的"(社会性)被表演的身份"(Liang,1999:307)。

　　霍尔分析了"电话性爱(fantasy lines)"(Hall,1995)。他的研究表明,写给这个领域工作者的指南上写着"Remember, you are not your character on the phone(记住,电话中的你并非现在的你)",通过对说话者的采访,发现她们使用"女性用语""表演"着性感的身份。最令人感兴趣的是一位 33 岁的墨西哥籍美国双性恋者的证言,他应客人的要求,通过区分使用亚洲籍、墨西哥籍、非洲籍和美国南部女性的固有说话方式应对这位异性恋男性的欲望(详见第九章)。

　　通过尽情表演这个"表演的身份",不仅是异性恋规范,而且让批判维持权力结构的意识形态成为可能的是"变装皇后"的演技。既然身份是由各种要素构成的,那么同性恋者也不会与有关人种和社会阶层的意识形态无缘。巴雷特分析了非洲籍美国人变装皇后(drag queen)在舞台上的演技(Barrett,1999)。所谓"变装皇后",是指男扮女装在舞台上展示演技的男同性恋者。变装皇后不注射荷尔蒙也不接受变性手术,在这一点上与"变性人"不同,是同性恋者这一点与只是穿异性服装的"异性装者"也不同。在"变装皇后"舞台上的主要问题是"如何将自己扮演成一个真正的女人",因此他们使用莱考夫描写过的所谓白人中层女性的"女性的语言"。但是,他们不掩盖自己是男人这个事实,因此在扮演男人时使用非洲籍美国男性的英语。

　　比如,在非洲籍美国同性恋者的酒吧表演的是白人女性被黑人男性袭击并晕倒的内容。皇后让一名观众上台,自己则通过"女性的语言"扮演受到袭击的白人中等女性。但是,作为外援的观众按照指示并没有袭击,因此使用"黑人英语"。最后,作为外援的观众什么也没做,而说着"女性的语言"的"女性"却晕倒了。这是对"黑人男性总是强奸白人女性"这个偏见的强烈讽刺。作为外援的黑人观众在舞台上什么都没做。皇后扮演的白人女性却因为恐惧而晕倒。揭露这种"黑人强奸魔",通过皇后区分使用"白人女性的英语"和"黑人男性的英语"得以实现。在这里,我们可以确认"被表演的身份"(白人女性)和"社会范畴所赋予的身份"(非洲籍男性)这种复数身份。

　　同性恋研究所阐明的"跨越的身份"和"被表演的身份"并非身份被分割后的

属性,而是在话语实践中能动地建构的。不仅如此,话语可以同时建构相互矛盾的身份。前者交错着"异性恋者"与"同性恋者",后者交错着"白人女性"与"黑人强奸魔"这种自相矛盾的身份。在本书第五章我们已说明,主体在话语实践中建构身份的过程在与支配型话语的关系中不同程度地被"再生产"或"颠覆"。但是,通过同性恋的话语分析,我们发现构建相互矛盾的身份这个现象显示构建身份的过程与支配型话语的关系并非"再生产"或"颠覆"这种单纯的图示。也就是说,作为资源可以利用的只有异性恋规范,就这层意思而言,即便再生产异性恋与同性恋的权力关系,通过否定异性恋规范或反向表演,也可局部颠覆支配型话语。

二、性欲望的建构

性取向的另一个侧面与性欲望有关。关于异性恋的性欲望,往往"能动的、攻击型男人欲望"与"被动的女人欲望"被相互比较,男人的欲望多被比喻成"无法控制的欲望自然蓄积后爆发出来"。这个话语被利用于正当化痴汉、强奸、夫妻间暴力。另一方面,关于女人,被二分成处女/妓女、圣母玛利亚/偷尝禁果的夏娃、妻子/情人,仅后者与性取向相连,且性取向常被否定。下面,我们探讨这种异性恋性取向的性欲望建构在话语中是如何进行的。

(一)性欲望的自然化

戴格南分析了英语中性欲望是如何被看待的问题(Deignan,1997)。自古以来都认为隐喻是作为一种修辞手法被用于文学文本的特殊用法。但是,莱考夫和约翰逊证实,日常使用的隐喻给予我们的认识以结构(Lakoff et al., 1980)。了解性欲望通过何种隐喻来表达是了解欲望如何被认识的线索。

戴格南从柯林斯英语语料库(The Bank of English)中收集有关性欲望的隐喻表达,并分类如下。

> ①"欲望存在于我们的外部"
> Her body was full of endless desire.(她的身体充满了无止境的欲望。)
> ②"欲望落入(容器之中)"
> fall in love(坠入爱河)

③"欲望的经验是觉醒,欲望是被唤醒的沉睡"

Three women reawakened their desire. (三个女人的欲望再次苏醒了。)

④"欲望的经验是痛苦、疾病、疯狂等身体性脆弱"

I am sick with love. (我因爱而病。)

④"欲望是食欲"

Her body hungered for him. (她的身体对他很饥渴。)

⑤"欲望的经验者是动物"

animal passion(动物式热情)

⑥"欲望是火、电"

flame of passion(欲望之火)

⑦"清洁的欲望/肮脏的欲望"

The film is good clean family fun. (这部电影是适合有良知、清洁家庭的娱乐。)

⑧"健康的欲望/不健康的欲望"

Sex education is necessary to build up healthy attitudes about sex. (性教育对树立一个对性的健康态度很有必要。)

　　笔者认为,这 9 种分类中,与①～⑦相关的是将欲望视作超越人类理性的、难以控制的"自然"来对待的认识框架。即在英语的隐喻结构中,可以说比起性别,性欲望被认为与性更为接近。另一方面,⑧和⑨是试图控制性欲望的认识框架,它与通过性取向支配的权力关系相结合。

　　性取向的自然化在异性恋男人的攻击型、暴力性欲望中最为显著。霍洛韦分析了对杀害几十个女性的"约克郡的强奸恶魔"审判时的新闻的话语,并指出这些话语都是以男人的攻击型、暴力性取向为前提的(Hollway,1981)。这个前提在多数场合是被隐藏的,但也有像下述《观察报》(Observer)的例子这种被明确描述的情况。

As Anthony Storr says in his book *Human Aggression*, "male sexuality, because of the primitive necessity of pursuit and penetration, does contain an important element of aggressiveness; an element which is both recognized and responded to by the female who yields and submits." (Hallway,1981:35)

　　英国作家安东尼·斯托尔在他的小说《人类的好斗性》中说道:"为了追踪和贯通原始的必要性,男人的性取向包含着好斗性这种重要因素。这是通过女人的屈服而得到认可被应对的要素。"

由于"原始的必要性"而被视作自然之物的男人的攻击型性取向,仅从男人是否通过攻击型、暴力行为得到性满足的观点来看是性式的。"约克郡的强奸恶魔"的"听到杀了妓女这个'声音'才杀了人"这个证言被反驳,检察官指出他有着下述性动机。在这里,暴力行为与性满足直接连接,仅有性满足才成为将他的行为视作性行为的标准。

　　Mr. Ognall held up a seven inch screwdriver which, he said, Sutcliffe had stabbed three times into the vagina of Josephine Whitaker. "That indicates the most fiendish cruelty, deliberately done for sexual satisfaction?"(Hollway,1981:36-37)

　　奥格纳尔先生手里拿着7英寸的螺丝刀,他说萨克利夫(被告)用它捅了约瑟芬·怀塔克(受害人)下体三次。"这表明,这是为了性满足而故意进行的惨无人道的行为。"

但是,被认为通过攻击型暴力行为得到性满足的男人性取向,只有通过向女人不断展示进行性行为的"能力"才能成立。强奸恶魔最早杀害的是责备他勃起过迟的妓女。对此,他通过"罪恶感和羞耻心变成愤怒从而复仇"来博取与审判相关的其他男人的同情。男人的性暴力是通过征服女人证明自身男性性的一个方法。

　　女人的性欲望也不输于男人,被自然化。但是,方式截然不同。塔尔博特分析了米尔斯和布恩(Mills & Boon)的两个故事,阐明了在恋爱故事中女人的性欲望如何作为"无法控制的自然之情"被建构(Talbot,1997b)。

　　首先,恋爱故事通过最大限度地强调男女主人公的性别差异让其关系带上情欲色彩。男主人公不仅被描写成是拥有社会地位的大富豪,而且还是拥有完美身材的强有力的支配型"主导型男性性"的具体表现。他对女主人公的态度也是强有力且积极的,有时好斗得让女主人公感到恐惧。另一方面,对于男主人公的攻击型行为,女主人公对自己体内的欲望感到困惑和痛苦。但是,男主人公的支配让女主人公感到性欲望。下面的例子是虚构的,女主人公在过度购买商品时,男主人公用手捂住她的嘴的场景。

> Her glance fell to his hands, lean-fingered, tanned, they were more than capable of physically silencing her. She had a momentary vision of them, dark and strong against the transparent pallor of her skin, and swallowed, appalled at the flicker of forbidden excitement it aroused in her. (Talbot,1997:111)
>
> 她看到了他的手。被长久日晒而变黑的手有着物理性让她沉默的"威力"。一想到黝黑强壮的手按到她雪白透明的肌肤上,她体内禁锢的兴奋沸腾起来,她紧张得喘不过气来。

在这个例子中,性别的差异被化作"tanned,dark,strong(被晒黑的、黝黑的、强壮的)"男主人公的手,以及"transparent pallor(雪白透明的)"女主人公的肌肤。而且,如文字所描述,用手捂住嘴这个支配行为勾起了她的性欲望。

但是,女主人公讨厌男主人公,因此对自己体内产生的对男主人公的外表和动作难以控制的反应感到苦恼。这种"难以控制的欲望"通过"过程类型(process type)""焦点化""女主人公性反应的表达"来建构。首先,我们可以对通过动词描写了怎样的过程进行分类。这里除了"行为过程(move)""心理过程(realize)""语言过程(say)",还有"认知过程"与"认识过程"。所谓"认知过程",是指通过视觉、听觉、触觉等女主人公的神经系统处理的过程,"认识过程"显示为被认知感觉的解释。女主人公的性欲望,常见于下述这种"认知过程"的描写中。

> And his mouth was teasing, softer than she remembered it, and she closed her eyes because looking at him completed a chemical reaction that sparked off an explosion deep inside her. (Talbot,1997:111)
>
> 他的嘴充满了挑逗,比她记忆中还要温柔。她闭上了眼睛。因为一看到他,她内心深处的炸弹就要爆炸,化学反应就会完结。

在这个例子中,隐喻表达"chemical reaction(化学反应)"和"sparked off(引

发)"印证了"an explosion deep inside her(她内心深处的炸弹)"是无法控制的认知感觉。与此相对,她的解释却停留在"remember(记忆)"这个认识上。几乎所有的恋爱故事都是基于女主人公的视角进行"焦点化"的,因此读者容易陷入不被女主人公察觉而潜入女主人公体内的错觉。此外,如果寻找这种欲望的因果关系,就会发现女主人公的外表和行动建构女主人公体内的欲望这个结构被反复进行。上面的例子中,男主人公的嘴让她的欲望苏醒。

如此,女主人公苦恼于视觉、听觉、触觉所带来的感觉,而男主人公却熟知她的性欲望。在下面的例子中,男主人公告诉女主人公她自身存在的欲望。

> There's a pretty potent brand of chemistry between us...
> immediate and undeniable. And you know it. I saw the recognition in
> your eyes the first time we met... You panicked then and you're
> panicking now. (Talbot,1997:117)

我们之间有一个强有力的作用,很直接,难以否定。你也知道。我们初次相遇时,你的眼睛就告诉了我。……那时你惊慌失措,现在也是如此。

恋爱故事中所描写的是这种关系:(视掠夺为自然的)男人威胁(视拒绝为自然的)女人,并征服其隐藏的欲望(Talbot,1997:118)。在这里,女人的性欲望是基于"性"的自然之情,困惑于这种"自然"欲望的女人不得不在感情上、性上依赖男人。

(二)二元对立性别与欲望

恋爱故事的例子,不仅通过女人的性取向自然化得以成立,而且通过这种自然的性欲望最大限度地强调性别的差异得以成立。性欲望的唤起基于二元对立的性别差异,这也出现在性幻想的分析中。

霍伊分析了美国男女写的色情异性恋性幻想,并显示这些性爱故事多数拥有"欲望的唤起—欲望的达成"(男性 24%,女性 38%)与"机会的造访—机会的把握"(男性 38%,女性 22%)这两种结构(Hoey,1997)。"欲望的唤起—欲望的达成"由①场面、②欲望的对象、③欲望的唤起、④达成的尝试和⑤评价/结果构成,"机会的造访—机会的把握"则由①场面、②机会的造访、③机会的把握和④评价/结果构成。如果要列举各幻想的要点,那么"欲望的唤起—欲望的达成"的结构要点是"我认为 X 很有魅力;(①场面,②欲望的对象)我决定靠近 X;(③欲望的唤起)我想和 X 做爱;(④达成的尝试)我很满足;(⑤评价/结果)"。而"机会的造访—机会的把握"的要点是"突然有一位美女要与我做爱;(①场面,②机会的造访)我与她做了爱;(③机会的把握)我很满足;(④评价/结果)"。

这两个结构与"解决问题"和"达成目标"的结构相互组合成了色情性幻想。这时,在这两个结构中根据"机会的造访"与"欲望的唤起"落在哪个人身上,决定与哪个结构组合。比如,在"欲望的唤起—欲望的达成"结构中,通过"决定靠近 X(③欲望的唤起)"赋予讲述者"欲望的唤起",而在"我想与 X 做爱(达成的尝试)"部分,则赋予对方"欲望的唤起"。这个性幻想中"欲望的唤起—欲望的达成"结构与讲述者和对方两两组合。同理,在"机会的造访—机会的把握"中,对女性而言,"突然一位美女要与我做爱(②机会的造访)"成为"目标达成的方法","我与她做了爱(③机会的把握)"成为"目标的达成"。

这里让人感兴趣的是,男人写的故事中将"欲望的唤起"和"机会的造访"分配给女人的只有 2 个(4%),而女人写的 50 个故事中却有 7 个(14%),两者相差较大。女性讲述者的"欲望的唤起"更多见的是"如果我让 Y 看了我的身体,那么 Y 就会想与我做爱"或者"看了我,Y 的欲望被唤起了"这种结构。这时,"欲望的唤起"的对象就是讲述者自身。男人喜欢自己感到欲望、达成欲望这种故事,而女人喜欢自己(的身体)让男人感到欲望、达成欲望的故事。对于这种差异,霍伊认为受到下述成见的影响:"(男人的)诱惑是为了自己'欲望的达成'而让对方产生'欲望的唤起'的,而(女人的)诱惑并没有这种'目标',只是让对方产生'欲望的唤起'"(Hoey,1997:97)。这里已经阐明,男/女、性能动者/性被动者、看的主体/被看的客体这种基于性别的二元对立式偏见影响着每个人的色情故事。

"无法控制的自然的欲望"通过强调性别二元的对立而相互吸引的图式,是如何被正当化权力行使所利用的,这需要进行跨领域的分析。

　　*为希望进一步学习的读者提供的参考文献

　　关于性取向,请参见:Weeks(1986)、井上 等(1995)和井上 等(1996)。关于同性恋、双性恋、性越境者与语言,请参见 Livia & Hall(1997)。关于性欲望与语言,请参见 Harvey & Shalom(1997)。

第九章 作为意识形态的日语"女性用语"

一、作为性别意识形态的"女性用语"

在之前的章节,我们分析了主体在话语实践中利用各种资源建构性别的例子。在这一章,我们选取拥有丰富研究成果的日语"女ことば(女性用语)"(既是话语实践的限制又是资源的性别意识形态的研究的例子),使用"语言意识形态"这个概念,来探讨将"女性用语"视为意识形态的观点和其有效性。

通常,所谓"女性用语",一般多认为是女人实际使用的语言和措辞。但是,众多实证研究表明,女性的话语实践不但丰富多样、不一而足,而且没有使用所谓的"女人味"语言的情况也不少。那么,所谓"女性用语"究竟是什么呢? 在思考这个问题时,"语言意识形态"这个概念行之有效。所谓"语言意识形态",是指"让认识的语言结构合理化、正当化的语言使用者表达出来的信念集合"(Silverstein,1979:193),是系统探讨成为语言使用的生产、解释资源的使用者价值观的概念。"语言意识形态"包含语言与现实、思考结合时如何被视作何种物体的语言观、赋予特定语言变种(特别是标准语)的价值观,以及在公共话语中支配型特定意识形态(比如,在多数公共话语中,科学的意识形态是支配型)等。语言意识形态不是抽象的价值观,而是与社会关系相互建构,以语言结构和使用为媒介,给予话语实践,甚至语言的结构变化具体影响之物。

根据这个视角,"女性用语"也可以视为女性话语实践的生成、解释资源的语言意识形态。所谓"标准语",不是特定的说话者实际使用的措辞,而是"存在于我们头脑中但实际上并不存在的概念,是实际的语言使用不同程度的参考的抽象概念"(Milroy et al.,1985:23)。同理,我们也可以认为"女性用语"也并非女性实际使用的措辞,而是一个抽象的规范。

所谓将"女性用语"作为抽象规范来看待,是指①"女性用语"并非基于女性的本质、本性、生理;②现实中女性的口语与"女性用语"不同;③现实中女性的口语不同程度地参考"女性用语"("女性用语"规范与现实的女性话语实践是辩证关系,女性的话语实践不同程度地表达着"再生产"或"颠覆""女性用语规范"的情况);④"女性用语"被赋予肯定的社会威信(传统、温柔);⑤"女性用语"的规范拥有强制力,如果违背规范就要接受社会制裁。(中村,1996a)。

首先,通过女性的多样话语实践,我们就会明白"女性用语"并非基于女人的本质、本性、生理这一点。如果"女性用语"是基于女人的本质之物,那么女人就应该经常使用"女性用语"。但是,"女性用语"并非女人实际使用的措辞,众多研究已表明,女性也会考虑性别之外的各种因素能动地进行丰富多样的话语实践。冈本和佐藤分析了三个年龄团体的句末形式。他们的研究结果显示,年龄越大越会使用"女人式语言形式"(Okamoto et al.,1992)。高崎(1993)表明,学历、职业不同,女人的语言生活也不同。小林(1993)调查了三世同堂的一家人家里家外的语言使用情况,并指出 20 多岁女性的语言使用呈现"中性化"。冈本(Okamoto,1995)分析了东京 18~20 岁的女大学生之间的亲密会话,研究表明年轻女性几乎不使用所谓的"女性用语"句末形式(12.3%)。此外,大原(1993)分析了同一位日本人说日语和说英语时声音的高低,并指出在两种语言中改变声音高度的只有女性,说日语时声音高。乍一看这是基于生物学性"声带结构"的"声音的高低",但实际上它受文化规范(这里是指"女人声音高")所影响。"女性用语"既不是反映女人"本质、特性"之物,也不是女人实际使用的语言。

另一方面,也有研究指出,随着年龄的增长,人们趋向于使用性别差异缩小的语言形式。丹羽(1994:69)调查了爱知县濑户市的中学生词汇,研究证实中学生"使用混杂着传统方言、新的词形、共通语形的中学生方言或年轻人共通语"。将这些中学生使用的词汇与当地成人使用的词汇相比较,发现在成人的词汇的使用上,男女差异小。此外,比较同一个中学生高三时使用的词汇与之前使用的词汇,发现四年间高中阶段的男女差异比中学阶段的要小。女性的语言行为丰富多样,无法用"女性用语"这个单一的概念涵盖。

如果将"女性用语"视作抽象规范,那么就可以进行以下基于新视角的研究。①"女性用语"概念的历史性成立;②将"女性用语"概念正当化的话语都有哪些?③"女性用语"概念的政治功能是什么? ④女性的话语实践与"女性用语"概念的关系如何? 下面,我们依次探讨这四大内容。

二、"女性用语"的历史性成立——"女性用语"概念的坚持

要想阐明通过话语历史性建构的"女性用语"这个语言意识形态,就有必要

考察元语用(metapragmatics),即有关语言使用的明示的、暗示的评论及标示(Silverstein,1979)。所谓"メタ言語(原语言)",是指使用语言来论述"语言",其中论述语言使用(语用,pragmatics)的就叫作"元语用"。迄今为止,有关女性语言使用的话语就是"女性用语"概念的元语用,所有这些都建构"女性用语"概念。伍拉德区分了语言意识形态发现顺序的两种方法:①分析明确论述语言使用的话语;②从显示在话语中的"隐藏的元语用"来分析"如何解释话语"。最好两种方法并用,但是下面我们将基于前一种方法探讨有关"女性用语"的语言意识形态(Woolard,1998:9)。

远藤(1994,1997)总括了自古以来有关语言与女性关系的宝贵研究。表9.1总结了远藤所引用的平安时代到现代的女性被禁止的语言和被奖励的语言。(语言表达改写过,因此严格而言并非引用。也有仅指出存在评论者对特定措辞的批判,并非就是评论者自身在批判。)

表 9.1　女性被禁止的措辞、被奖励的措辞

* 女性被禁止的措辞前加(一),被奖励的措辞前加(十)

时　代	出　处	被禁止的措辞(一) 被奖励的措辞(十)
平安	《源氏物语》 《枕草子》	(一)快嘴快舌、富有逻辑、爱讲道理 (一)应答、反问、争执、冗言
镰仓·室町	《身形》 《乳母读本》	(一)高声大笑、开玩笑 (十)小声低语、(一)言谈粗暴
江户	《女童子教》 《和俗童子训》 《新撰女倭大学》(1785) 《片言》(1647) 《妇人养草》(1689) 《女重宝记》(1692)	(十)寡言少语,安静谈吐 (一)言不露齿 (一)多言被休、多嘴多舌 (一)流行语、下流言辞 (十)声小音低、弱不禁风、不究死理 　　训读汉字而非音读 (一)武士用语、用错助词、多语 (一)男性用语、汉语、流行语 (十)无论哪种词语都应加上"お(o)"和"もじ 　　(moji)"加以软化
明治	尾崎红叶(1888) 岩本善治(1890)	(一)"てよ·だわ(teyo·dawa)"用语 (一)"てよ·だわ(teyo·dawa)"用语、汉语

续　表

时　　代	出　　处	被禁止的措辞(一) 被奖励的措辞(十)
昭和·战前	柳八重(1934) 吉田澄夫(1935) 保科孝一(1936) 金田一京助(1942) 佐久间鼎(1942) 森田玉(1943) 檀道子(1943)	(一)粗俗的言谈、洒落(无聊笑话)、警句、流行语 (一)汉语 (一)外来语、流行语、"きみ(你,kimi)"、"ぼく(我,boku)" (一)"お(o)"的乱用"おビール(啤酒,obiru)"、敬语混乱 (一)"てよ·だわ(teyo·dawa)"用语 (十)年轻女性的谈吐应该吞吞吐吐、不全部说完、中途忘记、羞答答的 (一)新语、流行语、汉语 (十)应该使用礼貌的措辞
昭和·战后	古谷网武(1946) 真下三郎(1948) 永野贤(1955) 大久保忠利(1956) 矢崎源太郎(1960)	(一)年轻知识女性的汉语使用 (一)男性用语的女性化 (十)基于女性的心理、生理,自然的女性特有的发音、发声、终助词、感动词 (一)"お(o)"的滥用 (十)女性特有的终助词、女性独有的柔和的说话方式
现代·20世纪80年代	＊丸山才一(1974) ＊外山滋比古(1976) 东海林贞雄(1976) ＊北村季夫(1977) 多数 柴田武(1985) ＊野元菊雄(1987) ＊堀井令以知(1990) ＊吉田裕久(1990) 金田一春彦(1993)	(一)年轻女艺人闭口言谈,让人费解 (一)女人的声音既高又大、张大嘴巴显得鄙俗 (一)年轻女性"拖长间隔""わたしはアー(我是……,watasi wa a...)" (一)女教师在男学生姓名后加上"クン(君,kun)" (一)仅使用"ウソー·ホントー·カワユイ(撒谎、真的、可爱,uso、honto、kawayui)" (一)年轻人的快嘴快舌、句末升调 (一)女教师在男学生姓名后加上"クン(君,kun)" (一)说多余的话、干燥乏味、同一事情多次重复、插入语多而幼稚、声音小难以听清 (一)女教师直呼对方的姓或名 (一)若者(年轻人,wakamono)、拖长句末

①＊是从中村(1995,1996)添加的内容。
②表中公元纪年参照原书加注。

　　下面讨论的目的,并非要厘清"女性用语"成立于哪个年代,而在于展示有关女性语言使用的话语,其历史发展有着怎样的特征。表 9.1 并非网罗了有关女性语言使用言论之物,但可以总结出三个特征。下面,我们按照这三个特征依次分析:①可见限制女性语言行为的规范化过程;②限制女性语言行为的意识形态中可见政治因素;③批判、奖励女性语言使用内容的历史性变化。

第一,关于女性的语言使用,很早之前就推行禁止特定的措辞、奖励其他措辞的规范化。平安时代到江户时代的规范是禁止多言、汉语、男性用语等,但无论哪种禁止,目的都在于让女人与语言分离。"禁止多言"是禁止女人开口说话,"禁止汉语"是禁止女性接近知识、公共话语。"禁止男性用语"的目的在于通过让女人遵守"女性用语"规范,从而确立"女性用语"概念,确定性别。

禁止内容的目的在于让女人与语言分离,这在"流行语禁止"中表现得最为明显。这是因为"流行语"即便是暂时性的,也具有破坏性别关系的潜力。根据远藤(1994),平井(1960)指出的"磨磨蹭蹭、感觉迟钝的话,就要被说成是'あの人の蛍光灯も最高よ〔那人的日光灯也最厉害哦。(讽刺)〕'",对于用新语、隐语武装起来的女性,男性感叹其令人无法忍受。青木(1992)对以下现象提出疑问,传媒煽动的如果不知道"ウッソー・ホントー(撒谎,真的吗,uso,honto)"就不受辣妹欢迎这个"可笑的现象"。

米川(1994)分析了年轻人用语。他的研究结果表明,用于指代人的年轻人用语中"贬义评价比褒义评价多4.3倍",按照样子、姿容、性质、行动的顺序"依据外表评价他人的词语多"(米川,1994:9)。米川指出,其中出现了女人将男人物化、商品化的贬义评价语"トド男(海狮男,指又肥又懒,整天在家无所事事的丈夫)""アッシー君(车夫,指被女性当作司机、车夫、跑腿等的男性)"。自古以来,都是男人将女人物化、商品化,如"俺のモノ(我的物品)""傷物にする(残次品)""売れ残り(卖剩的)",但这种用语的出现说明身份的消费者化从女人扩展到年轻男人(参见第七章)。年轻女人利用了这种普及,并通过创造将男性物化、商品化的表达,(在小团体内)让性别的权力关系逆转。禁止女人使用流行语,可能是为了不让女人使用流行语拥有的这种潜力的政治判断吧。

明治以后的评论中违反规范措辞的禁用语增加了,"女性用语"作为规范开始确立。其证据是,对过于遵循规范的措辞〔"お(o)"的滥用〕的批判开始多见。近代,人们开始意识到女子教育的必要性(1872年,明治政府颁布学制),在自由民权运动中产生了女权的扩张论,通过多言、汉语的禁用来分离女人与语言的规范不再发挥作用。"女性用语"的规范化与1880年男女别学的制度化(家长制下的贤妻良母教育的强化)在同一时期,这一点也让人兴趣盎然。教育与语言,即从知识与身份两个方面采取了性别意识形态与性别权力关系的强化这个战略。

井上将"女性用语"的成立放在明治时期的近代化进程中贤妻良母教育与通过言文一致运动(指日语使口语和书面语一致的文体,亦指日本近现代为此目的的运动)实现的日语的标准化这个政治语境中探讨,他比较了式亭三马的《浮世风吕》(1813)和夏目漱石的《三四郎》(1909)中出场人物的对话(Inoue,1994)。他的研究结果显示:①《浮世风吕》中男女双方在会话中使用的句末表达形式"～だ(da)"中的"だな(dana)、だね(dane)、だわ(dawa)、だよ(dayo)、だぜ(daze)、だぞ(dazo)"在《三四郎》中被性别化为男女某一方使用;②《浮世风吕》中多达 27 种的句末表达形式"～だ"在《三四郎》中缩减为八种,且"标准语化";③《三四郎》中可见《浮世风吕》所没有的只有女性出场人物使用的句末表达形式"なの(nano)、のね(none)、ねえ(nee)、わね(wane)、わよ(wayo)",这些都是现今女性使用的典型句末表达形式。小说出场人物的会话既非如实反映该时代人们的语言使用,也不是作家个人的创作,是在当时的社会、政治意识形态中被建构的女性话语实践的社会建构之物(Inoue,1994:325)。《浮世风吕》与《三四郎》的差异显示,"女性用语这个概念,是与标准语的成立、国粹主义的抬头、政府主导的贤妻良母教育、官僚政治的出现同时出现的"(Inoue,1994:328-329)。除了这些,笔者还想指出的是,人们已经意识到有必要从语言层面实施国家的近代化带来的国民支配与性别意识形态的强化。

我们容易认为"语言"这种东西是自然变化的。但是,关于女性的语言行为,特别是明治以后的各种话语显示,"女性用语"这个概念拥有由于日本的近代化所必需的性别意识形态这个政治性因素形成的侧面。

但是,禁止违反规范这也证明,女人有过不遵循"女性用语"规范的语言行为。女人自古以来就能动地使用语言,奈良、平安时代女人对平假名的诞生与发展做出过贡献;镰仓、室町时代在宫中工作的女人们发展了被称作"女房词"的伙伴间的词汇;江户时代吉原、岛原等的"遊女(青楼女子)"们创造了"遊女ことば(花街柳巷语)";这些用语和文字以向男人等一般大众普及的形式极大地影响了日语。无论哪个年代的"躾本(教养用书)"都有"这种措辞不行,听着难受"的例子,这证明存在使用这些措辞的女人。女人们在严厉的规范中能动地进行着语言行为。但是,如果考虑到接近语言与接近权力是密不可分的,那么就可以推测"女性用语"这个概念的规范化发挥着阻碍女性接近权力的作用。

通过表 9.1,我们发现的第三个倾向是,批判、奖励女性语言使用内容的历史性变化、矛盾这个事实。我们发现,对被认为是现今女性用语特征的人称代词和句末表达形式的描述是最近才出现的。曾遭受批判的"てよ・だわ(teyo、 dawa)"后来成为女性用语的特征。尾崎分析了现代职场的语言行为。他的研究显示"关于伴随着'よ(yo)''ね(ne)''だわ(dawa)',不仅是男人,女人的使用次数也几乎为零"(尾崎,1997:56),这表明女人的语言实践进一步变化的事实。如果说这究竟意味着什么,那么笔者认为,在对数百年的女性语言使用的评论中最重要的是"女性用语"这个概念的维持,而不是"如何惩戒、奖励女性的语言使用"。

三、将"女性用语"规范正当化的话语变化

因此,为了分析维持"女性用语"这个概念利用了怎样的话语,我们在远藤(1994,1997)研究的基础上增加了中村(1995,1996)的研究,从而制作了表9.2。表9.2与表9.1相同,并非严密的引用。括号内为增加的部分。

表 9.2　将"女性用语"规范正当化的话语

时　代	出　处	内　容
镰仓·室町	佛教思想(多数)	女人本来就是有罪不净之人(因此没有说话的必要)
江户	儒教思想;贝原益轩《女大学宝箱》等《女童子教》《和俗童子训》	妇德、妇言、妇容、妇功——"四德",幼从父、嫁从夫、夫死从子——"三从"多言无品多辩下品
明治·大正	多数	佛教、儒教思想
昭和·战前	柳八重(1934)吉田澄夫(1935)保科孝一(1936)石井庄司(1941)金田一京助(1942)檀道子(1943)石黑修(1943)	洒落(无聊笑话)和警句会降低品味,显得不老实汉语不适合作为以自然优雅为第一理想的妇女的语言外来语、流行语不适合保持大和抚子(日本女性)的雅致,显得轻佻、轻薄希望监护人留意女学生的"君·僕(你、我,kimi、boku)"日本的妇人语是世界上绝无仅有的精妙的敬语,孩子的语言随母亲,为了日本的妇道,妇女们应该掌握日本的妇人语新语流行语粗暴、下品、不上口、嚣张、无情,日本拥有2000多年的历史,因此要区分使用女性用语与新语流行语女性用语面临着消失的局面,希望防止它的消失

续　表

时　代	出　处	内　容
战后	永野贤(1955)	女性的汉语使用增加了,但基于女性的心理、生理,自然的女性特有的发音、发声、终助词、感动词保留了下来
	矢崎源太郎(1960)	女性独特的柔和说话方式,还是希望体现出女人味
现代	＊池田弥三郎(1967)	母亲对学校的老师谈到自己的长子时说"おにいちゃん(哥哥,onityan)"的家庭,家教为零
	＊杉本勉(1972)	在现代日本家庭,没有一个女性可以正大光明、负责地谈论有关女性用语的教导
	＊铃木健二(1989)	不要过于多言,从而贬低自己
	＊堀井令以知(1993)	柔和的语言表达基于女性的生理本能,女性的表达植根于基于女性感性的生理因素

　　表 9.2 明确显示了,各种话语实践以灵活应对社会变化和变化多端的女性话语实践的形式来维持"女性用语"这个概念,在这个过程中"常识化""规范化""自然化"被进行。

　　明治之前,佛教、儒教思想将对女性的措辞加上独有限制的情况正当化,但到了昭和时代宗教话语的影响力减弱,参与战争之后,如同"大和抚子,世界上绝无仅有的日本妇人语"所示,开始将"女性用语"定位为日本的传统文化。随之,"女性用语"隐藏了当初的宗教性别歧视动机被视作教养而被"常识化"。

　　但是,伴随着战后的民主化,批判不遵从"女性用语"语言行为的话语开始变得感情化,如"还是希望体现出女人味"。这与肯定性评价不遵从"女性用语"的女性措辞的评论所表达的内容是一致的。远藤(1994,1997)列举了以下几种观点。"钉本(1952)认为,年轻女性的'君·僕(你、我,kimi、boku)'是年轻的特权。""大久保(1956)认为,(流行语是)20 岁左右女性可以堂而皇之使用的语言。流行语体现了 10 多岁女孩的叛逆性、批判性、扭曲精神、幽默性。""田中寿美子(1956)认为,年轻女性的'キミ、ボク(你、我,kimi、boku)'是试图抛却一切过去的语言与行为方式。""祖父江孝男(1973)认为,女学生使用男性用语感觉非常好。"

　　"二战"后的话语可见"自然化""教养化""阶级化"。在这里,我们按照顺序依次来分析。首先,即便承认女性用语的衰退,"基于女性的心理、生理,自然的女性特有的、女性独特的女人味",女性用语规范中也存在反映女性自然本质的部分"自然化"主张。

　　其次,"教养化"在批判家有女儿的父母(特别是母亲)的话语中可见。特定的支配型意识形态一旦自然化,其意识形态的习得就不再被视作单纯的技术性习得,这一点已经在第五章得到确认。对母亲的批判在让女性再生产"女性用语"这一点上是有效的手法。我们认为,对年轻一代语言实践的批判也被教养化所利用。认为年轻一代破坏了规范这种批判早在 100 年前就开始了(远藤,1997:131),通过不断建构,批判母亲和年轻一代的话语实践的话语,确立"女性用语"概念的主导权。

阶级引起的女性的歧视化也被用于维持"女性用语"。即便是在产生女房词的镰仓时代,在平民的措辞中也没有性别差异,即没有男女适用不同措辞的概念(森野,1991;远藤,1997)。远藤(1997:62-67)指出,女房从宫中女性向包括男性在内的公家、武家、平民普及,通过使用地位高的词语获取高位的因素也发挥了很大的作用。森野也认为"女房词的产生、精练、使用是他们女房团体教养的夸示,是其特权地位的标识,即通过措辞自我确认对于劣等团体的优势,是对身份的保证"(森野,1991:234),他指出了高阶层女性的措辞与其阶层连接在一起的事实。也有一种看法,它将现代"女性用语"视为"山手语"(山の手言葉,明治以后,东京的山手一带居民使用的语言,被视为现在标准日语的母体)向市井流布的结果。"女性用语"这个概念,以及应将性别意识形态反映在措辞的差异上的观点,很明显产生于社会的上层。之后,通过将"女性用语"与"女人味和高贵"(大久保忠利,1956),"高贵、礼貌、上流社会"(平井昌夫,1960),"日本的美好传统"相连接,落实对"女性用语"的肯定评价和对其他阶层的普及。

"女性用语"的阶级化与教养化显示了"女性用语"规范的制约附随着母亲、妻子等性别角色和作为职业人的角色更加强大了。小林(1993)分析了三代女性的语言使用,指出了即便是现在不使用"女性用语"的 20 多岁女性也表示"将来就职、结婚时有意识地加以区分使用的情况会增多吧"(185)的事实。这显示了职业人和妻子这种性别角色是强制女性用语规范的一大原因。吉冈(1994)分析了九州、肥筑地区不同年龄、性别、职业人群的语言使用,在将语气强硬的传统方言"タイギャ(非常,taigya)"改成语气柔和的"タイナ(很,taina)"的分布中,吉冈指出"30 多岁的女性开始不用语气强或者表现性强的革新词形了"(吉冈,1994:39),这表明 30 多岁女性的话语实践与社会角色、社会环境之间的关联。

最后,"女性用语"概念的"自然化"让"女性用语"与女人味相结合,也派生了男性喜闻乐见的措辞的倾向。比如,被视为现代女性用语特征的终助词"わ・よ・ね(wa、yo、ne)"的使用在明治时期被批判成"没有品位"。尽管如此,终助词还是从女学生处流传到上流社会的千金小姐处。我们用社会阶层无法说明这个现象。但可以认为，因为起始于年轻女学生，即作为性对象物而拥有较高价值的年轻女性，才会更广泛普及。北川（1997：288）区分了上升调的终助词"わ（wa）"〔女性形"わ（wa）"〕和下降调的"わ（wa）"〔男性形"わ（wa）"〕，并指出女性形"わ（wa）"拥有对听话者的"献媚、巴结"功能。小林（1993：184）分析了三代女性的语言使用，她的研究表明，20 多岁女性称自身不使用女性用语的理由为"在与男性谈话时，并不想将'女性用语'作为武器从而获得某种好处"。这显示了女性使用的女性用语具有从男性处获得肯定评价的社会威信。森野（1991：246）引用《薮之莺》（明治二十一年，1888 年）展示了当时的女学生多用"わ・よ（wa，yo）"的情况，其中也展示了一位名叫阿贞的二十七八岁的女性在与情夫的会话中使用了"わ（wa）"的情况，森野认为"わ（wa）""给人一种小姑娘般的印象"。年长女性在与恋人的会话中使用女学生的措辞，这个事实与"女性越年轻作为性对象物越有价值"这种性别歧视意识形态并非无缘。年长女性通过使用年轻女性的措辞建构相互行为，试图作为性的对象物建构价值更高的身份。

　　通过之前的讨论我们已经阐明，"女性用语"这个概念的"常识化""规范化（教养化、阶级化）""自然化（性别化）"是由各种有关语言形式的话语建构的事实。在这个过程中，通过将与"高贵、上流阶层"相结合的"女性用语"概念作为母亲、妻子角色和职业角色必需的"教养、常识"，女人们再生产"女性用语"。另一方面，选择了"献媚男性"战略的女人利用"女性用语"的主导权也得以确立。

　　如此，我们应该如何看待女人这个特定的团体，以及与这个团体相结合的"女性用语"这个概念的关系呢？我们认为，在语言形式与女人这种社会范畴的结合中，"女性用语"这个语言意识形态发挥着积极的作用。自古以来，认为因为女人使用特定的语言形式，所以形成了"女性用语"这个概念。各话语实践的累积是将该团体与特定的语言形式相结合。但是，实际上女性的话语实践并非遵从"女性用语"，因此无论哪个时代女人的语言使用都受到批判。即与其说先有女性的话语实践，不如说是先有试图坚持"女性用语"概念的政治动机，而后这个概念将批判女性的话语实践正当化这个观点比较妥当。"仅单纯用特定的方法使用语言无法建构社会团体、身份和人际关系。……不如说，意识形态性解释这种语言使用总是带来这些效果。"（Woolard，1998：18）那么，为何"女性用语"被视为女人实际使用的语言呢？

　　盖尔和欧文列举了特定语言形式的集合成为特定集团的指标并自然化的三个符号性过程：①类像化；②反复；③消去。所谓"类像化"，是指将使用不同语言形式的各种社会团体进行对比的类像再解释的过程（Gal et al.，1995）。混淆语言形式与社会团体的质量，将一方作为另一方的原因和本质性说明。它是认为语言形式不仅表示特定的团体，而且表示团体的社会、伦理、政治质量的过程。"女性用语"不仅表示女人这个团体，也表示"女人味、礼貌、温柔、间接"。而且，一般认为"因为女性本质上的女人味、礼貌、温柔、间接"，所以才会使用这种措辞。"女性用语"能战略性地用于"献媚男性"也是这个原因。所谓"反复"，是指在某个层次上显著地对立投影到语言、社会关系的其他层次上的情况。将男女的措辞用不同标准进行评价，且正当化"女性用语"这个概念，也将使用"女性用语"的"高贵女性"和不用"女性用语"的"低贱女性"这个下位范畴的形成正当化。教养化和性别角色中的强规范性被不想被评价为"低贱女性"的意志动机化。所谓"消去"，是指当作没有与这些相结合的语言形式和质量不一致的行为、行为者的倾向。即便有不使用"女性用语"的女人，也被视为"例外""因为年轻还没掌握""低贱女性"，"女性用语"是实际使用的基于女性本质的措辞这种自然化被达成。即便女人在数百年间进行不遵守各时代的"女性用语"规范的话语实践，"女性用语"仍被视作女人实际使用的措辞。这是因为女人的创造性话语实践被"消去"了。

四、"女性用语"的政治功能

之前的论述已经表明，"女性用语"这个概念的内容和让这个概念正当化的话语都随着历史的变化而变化且相互矛盾，各时代被视为"女性用语"语言形式的集合与女人这种团体的关系经过类像化、反复、消去的过程后被"自然化"，"女性用语"概念被强有力地维持下来。所谓"女性用语"，是指由受到将"女性用语"概念正当化的话语与"女性用语"概念影响的女性话语实践整体构成的语言意识形态。

语言意识形态并非单纯的文化性共有的知识，它不仅成为相互行为的资源，也是相互矛盾的多样意识形态抗拒的社会过程。作为语言意识形态的"女性用语"概念，以社会中的性别权力关系和各女性的话语实践为媒介，确定在话语实践中被维持、正当化、再生产的社会男性支配。女性的话语实践参照"女性用语"概念被生产、解释、评价。就这层意义而言，被自然化的"女性用语"概念发挥着束缚女人的实际相互行为的政治功能。下面，我们将概括中村（1991a，1996a）详述的主张。

第一，"女性用语"概念产生了"女性的措辞"与"标准的措辞"。所谓"标准的措辞",实际上是男性的措辞,但因为人们没有意识到这一点,所以女性的措辞被赋予"脱离标准"这种否定的意思。因此,生活在男权社会的女人被迫成为使用两种措辞的"双语使用者(bilingual)"。第二,在生产、解释、评价话语时,"女性的措辞"与"标准的措辞"的区别将"说话者是否为女性"作为最重要的判断标准。如果不知道说话者的性别就无法解释。换言之,说话者的性别不同,相同语言行为,应会以不同的解释、评价被正当化。听到"こういうことを言われた〔我被这么说了。(这句省略了施事者和受事者,即动作的发出者和承受者)〕"后反问"その人、女?(那个人是个女的?)"也是源于此。第三,被自然化的"女性用语"概念在基于女人的"特质、女人味"这一点上,被赋予肯定的意思,女性的措辞被区分为"女人味的女性用语"和"没有女人味的措辞"。这个区别与"女性的措辞"对"标准的措辞"的区别形成了"双重标准"。这种"双重标准"产生了即便女人与男人有一样的谈吐或像女人一样的谈吐都会被否定评价的"双重窘境(double bind)"。第四,"女性用语"的自然化给予"女人这种性别"决定女人的措辞似的特权地位。女性的语言行为仅从"是女人"这个事实来解释、评价。如果男人的言行有问题,那么此人的"资质、经历、思考方式"就会被质疑,但如果女人的言行有问题就会被归结为由于"是女人"。最后,其结果就是,所有的女人被视为共有"女人这种性别"的进行均质语言行为的团体。由一位女人的言行扩大到"所以,女人是没用的"这种对全体女人的批判,也是源于此。

对于女人语言实践的任性批判,与其说是直接对女人进行的性别歧视,不如说是一种社会性容许。指责"你的说话方式没品,不像个女人"是"间接表达如果直接表达就无法被接受的社会偏见"(Milroy et al.,1985:100)。对于"女人多话但在公共场合却不会进行恰当的讨论"(横井,1902),"话题贫弱、话术稚拙"(东乡,1908)的评论,远藤(1997:135)指出多语在江户、明治时期被禁止,向在私人话题之外不得不闭口不语的女人寻求在公开场合说话的技术的矛盾性。雷诺兹指出,女教师有着男教师所没有的克服"温柔言谈"和"积极指导"矛盾的工作(Reynolds,1990:139)。金丸(1993:112-113)引用了某些语言学家的性别歧视性发言,这些发言认为女教师称呼男学生时在姓或名后加"クン(君,kun)"的行为"令人扫兴"并对此"感到抵触",男教师对学生直呼其名是"将学习者视为亲近存在的证据",而女教师的相同行为则是"与女性不相称,有抵触"。中村(1995a)也列举了同一时代的评论者有关女性言行的截然相反的评价,指出了他们都对其进行否定评价的矛盾性,如"年轻女艺人因为不开口说话,所以难以理解"(丸山,1947),"女人的音量又高又大,希望不要将嘴巴张大"(外山,1976)。

这种"任性的"否定批判让女人的语言使用相当拘谨。

五、女性的话语实践与"女性用语"

"女性用语"概念与话语实践的关系,理论上,一方面是进行遵从"女性用语"规范的话语实践从而"再生产"男性支配的关系,另一方面是通过将"女性用语"概念作为资源加以利用建构身份从而"颠覆"男性支配的关系。前者主要是与母亲、妻子角色和职业人的场合这种"女性用语"规范的强制力强的身份建构相关的话语,后者是试图通过破除"女性用语"规范从而建构团体身份的年轻人团体(中村,1995a),以及战略性选择通过利用"女性用语"向男性"献媚"从而获取某种利益的话语。但是,如果我们详细分析"女性用语"的战略性利用,那么就会发现话语实践中男性支配的"颠覆"并非易事。

霍尔分析了电话性爱。他的研究表明,这个领域的工作者为了确保经济实力而积极活用带有偏见的"女性用语"(Hall,1995)。

通过对说话者的采访,我们发现他们有意识地使用莱考夫作为"女性的语言"特征所列举的"细小色彩词"(第一章)和"合作性会话"(第三章)的特征。一位 33 岁的说话者证实自己使用"非常女人味的词语"凸显自身的性感,她在向客人描述自己时会说"总是穿着桃色或杏色,不光是黑色、有黑色花边或深棕色花边的衣服"(Hall,1995:199),其他说话者证实自己经常提问以促进会话,如"好多次中断谈话,问对方'现在的喜欢吗?',尽可能让对方多说"(Hall,1995:200)。说话者通过积极利用"女性用语"获得经济实力。在这里,迄今为止被视为"没有权力的劣质语言"的英语"女性用语"给予女人意想不到的力量。

但是,如果积极利用"女性用语",那么也可以接受性别的权力关系。许多说话者指出一旦使用"女性用语",客人就将自己作为从属于男人的、性的对象物加以侮蔑。

> I wonder if it really is women's language or is it mostly that we're repeating what it is that the men want to hear and want to believe that women like and think. I think it's more what's in their heads. You know, scenarios where I'm being mildly submissive, even though they don't call it that, and they're like calling me a slut and a horny little bitch... It's a total turn off; I never think of myself that

way.（Hall,1995：206）

　　这是女性用语,还是因为我们自己重复着男性想要相信的"真正的女人是这样的"的结果? 大概存在于男人头脑中吧。我膜拜这种台词。虽然我不会说。他们把我叫作"荡妇""好色小淫妇"。(略)我真的很失望。我从来不认为自己是这样的。

　　在这里,指出了女人为了回应客人的欲望使用了"女性用语",结果客人将自己定位为从属的性这种窘境。即便女人通过"女性用语"的商品化获取了经济实力,也无法完全解脱"女性用语"的"没有权力"的魔咒。

　　如果将这个窘境与之前观察的其他研究结果综合起来考虑,那么我们就会发现,说话者的战略性选择并非完全自由。与电话俱乐部的例子中为获得经济实力而被强制作为性对象物的身份相似,在本书第七章中电视购物的分析中,也为了建构上层身份而接受作为消费者的女性性。这些例子显示,虽说进行了"颠覆"支配型话语的话语实践,但必须在某处再生产支配型话语的情况。如果将这个事实对照为了作为母亲、妻子、职业人的身份而遵从"女性用语"规范的"再生产"的例子,就可以认为这些行为并非被动性再生产,而是积极利用"女性用语"获取"良母""贤妻""温柔职业人"这种为女人准备的肯定身份。如果这么思考,那么我们就会明白主体的实践与支配性意识形态的关系就不是"再生产或颠覆"这种单纯的图式,而是无论哪个话语实践都拥有在某个次元被颠覆(为了经济实力将女性用语商品化),而在别的次元被再生产(建构性别的权力关系)这两个侧面。

　　＊为希望进一步学习的读者提供的参考文献
　　关于语言意识形态,主要有 Lucy(1993)和 Schieffelin, Woolard & Kroskrity (1998)。关于与语言结构关联的是 Sliverstein(1979)。有关标准语意识形态的有 Milroy & Milroy(1985)。将日本的"女性用语"概念作为意识形态来分析的是 Inoue (1994)。

参考文献

赤川学,1999. セクシュアリティの歴史社会学[M]. 東京:勁草書房.

A GHA A,2003. Social life of cultural value[J]. Language & communication(23): 231-273.

ANDREW M, MARY M T,2000. All the world and her husband: women in twentieth-century consumer culture[M]. New York: Cassell.

ANTAKI C, SUE W,1998. Identities in talk[M]. New York: Sage.

BALLASTER R, BEETHAM M, FRAZER E, et al. , 1991. Women's worlds: ideology, femininity and the woman's magazine[M]. London: Macmillan.

BARRETT R, 1999. Indexing polyphonous identity in the speech of African American drag queens [M]//BYCHOLTZ M, LIANG A C, LAUREL S. Reinventing identities: the gendered self in discourse. Oxford: Oxford University Press.

BERGVALL VICTORIA L,1999. Toward a comprehensive theory of language and gender[J]. Language in society, 28(2): 273-293.

BERGVALL V L, JANET M B, ALICE F F,1996. Rethinking language and gender research: theory and practice[M]. New York: Longman.

BING J M, VICTORIA L B,1996. The question of questions: beyound binary thinking[M]//BERGVALL V L, JANET M B, ALICE F F, Rethinking language and gender research: theory and practice. London: Routledge.

BOHAN J S,1993. Regarding gender: essentialism, constructionism, and feminist psychology[J]. Psychology of women quarterly(17) : 5-22.

BOTTIGHEIMER R B,1987. Grimms' bad girls and bold boys: the moral and social vision of the tales[M]. New Haven: Yale University Press.

BROWN P,STEPHEN L,1987. Politeness: some universals in language usage [M]. Cambridge: Cambridge University Press.

BUCHOLTZ M,1999a. Bad examples: transgression and progress in language and gender studies[M]//BYCHOLTZ MARY, A C LIANG, LAUREL SUTTON. Reinventing identities: the gendered self in discourse. Oxford: Oxford University Press.

BUCHOLTZ M,1999b. Purchasing power: the gender and class imaginary on the shopping channel[M]//BYCHOLTZ M, LIANG A C, LAUREL S. Reinventing identities: the gendered self in discourse. Oxford: Oxford University Press.

BUCHOLTZ M, 1999c. "Why be normal?": language and identity practices in a community of nerd girls[J]. Language in society, 28(2): 203-223.

BUCHOLTZ M, 2003. Sociolinguistic nostalgia and the authentication of identity [J]. Journal of sociolinguistics, 7(3): 398-416.

BUCHOLTZ M, LIANG A C, LAUREL A S, et al., 1994. Cultural performances: proceedings of the third Berkeley women and language conference[M]. UC Berkeley: Berkeley Women and Language Group.

BUCHOLTZ M, KIRA H, 1995. Introduction: twenty years after Language and Woman's Place[M]//KIRA H, BUCHOLTZ M. Gender articulated: language and the socially constructed self. London: Routledge.

BUCHOLTZ M, KIRA H,2005. Identity and interaction: a sociocultural linguistic approach[J]. Discourse studies, 7(4): 585-614.

BYCHOLTZ M, LIANG A C, LAUREL, 1999. Reinventing identities: the gendered self in discourse[M]. Oxford: Oxford University Press.

BURR V, 1995. An introduction to social constructionism [M]. London: Routledge.

BUTLER J,1990. Gender trouble: feminism and the subversion of identity[M]. London: Routledge.

CALDAS-COULTHARD C R,1996. "Women who pay for sex. And enjoy it": transgression versus morality in women's magazines [C]//CALDAS-COULTHARD C R, MALCOLM C. Texts and practices: readings in critical discourse analysis. London: Routledge.

CALDAS-COULTHARD C R, MALCOLM C, 1996. Texts and practices: readings in critical discourse analysis[C]. London: Routledge.

CAMERON D,1985. Feminism and linguistic theory[M]. London: Macmillan.

CAMERON D, 1990. Demythologizing sociolinguistics: why language does not reflect society [M]//JOSEPHE J E, TALBOT J TAYLOR. Ideologies of language. London: Routledge.

CAMERON D, 1995a. Rethinking language and gender studies: some issues for the 1990s[M]//SARA MILLS. Language and gender: interdisciplinary perspectives. London: Routledge.

CAMERON D, 1995b. Verbal hygiene[M]. London: Routledge.

CAMERON D, 1996. The language-gender interface: challenging cooptation[M]// BERGVALL V L, JANET M B, ALICE F F. Rethinking language and gender research: theory and practice. London: Routledge.

CAMERON D, 1997. Performing gender identity: young men's talk and the construction of heterosexual masculinity[M]//JOHNSON S, ULRIKE H M. Language and masculinity. Oxford: Blackwell.

CAMERON D, 1998a. "Is there any ketchup, Vera?": gender, power and pragmatics[J]. Discourse and Society, 9(4): 437-455.

CAMERON D, 1998b. The feminist critique of language: a reader[M]. 2th ed. London: Routledge.

CAMERON D, FIONA M, KATHY O'LEARY, 1988. Lakoff in context: the social and linguistic functions of tag questions[M]//COATES J, CAMERON D. Women in their speech communities: new perspectives on language and sex. New York: Longman.

CAMERON D, JENNIFER C. 1988. Some problems in the sociolinguistic explanation of sex differences [M]//COATES J, CAMERON D. Women in their speech communities: new perspectives on language and sex. New York: Longman.

CAMERON D, ELIZABETH F, PENELOPE H, et al., 1992. Researching language: issues of power and method[M]. London: Routledge.

CARTER C, GILL B, STUART A, 1988. News, gender and power[M]. London: Routledge.

CHATMAN S, 1978. Story and discourse: narrative structure in fiction and film[M]. New York: Cornell University press.

CHERRY K, 1987. Womansword: what Japanese words say about women

[M]. Tokyo: Kodansha International.

CHESHIRE J, PETER T, 1998. The sociolinguistics reader (2): gender and discourse[C]. London: Routledge.

COATES J, 1986. Women, men and language: a sociolinguistic account of sex differences in language[M]. New York: Longman.

COATES J, 1988. Gossip revisited: language in all female groups[M]//COATES J, CAMERON D. Women in their speech communities: new perspectives on language and sex. New York: Longman.

COATES J, 1996. Women talk: conversation between women friends[M]. Oxford: Blackwell.

COATES J, 1997. One-at-a-time: the organization of men's talk[M]//JOHNSON S, ULRIKE H M. Language and masculinity. Oxford: Blackwell.

COATES J, 1998. Language and gender: a reader[M]. Oxford: Blackwell.

COATES J, DEBORAH C, 1988. Women is their speech communities: new perspectives on language and sex[M]. New York: Longman.

CONDRY J, SANDRA C, 1976. Sex differences: a study of the eye of the beholder [J]. Child development(47): 812-819.

CONNELL R W, 1987. Gender and power: society, the person and sexual politics [M]. Oxford: Blackwell.

CONNELL R W, 1995. Masculinities[M]. Cambridge: Polity Press.

COS J, 1997. Masculinities in a multilingual setting[M]//JOHNSON S, ULRIKE H M. Language and masculinity. Oxford: Blackwell.

COUPLAND J, 1996. Dating advertisements: discourses of the commodified self[J]. Discourse & society, 7(2): 187-207.

COUPLAND N, HOWARD G, JOHN M W, 1991. "Miscommunication" and problematic talk[M]. New York: Sage Publications.

COUPLAND N, 2007. Style: Language variation and identity [M]. Cambridge: Cambridge University Press.

CRAWFORD M, 1995. Talking difference: on gender and language[M]. New York: Sage Publications.

CROSBY F, LINDA N, 1977. The female register: an empirical study of Lakoff's hypotheses[J]. Language in society(6): 313-322.

COULTHARD M,1977. An introduction to discourse analysis[M]. 2th ed. New York: Longman.

DEFRANCISCO V L,1991. The sounds of silence: how men silence women in marital relations[J]. Discourse and society,2(4): 413-423.

DEFRANCISCO V L, 1992. Review of Deborah Tannen's you just don't understand[J]. Language in society(21): 319-322.

DEIGNAN A, 1997. Metaphors of desire [M]//KEITH H, CELIA S. Language and desire: encoding sex, romance and intimacy. London: Routledge.

DILEONARDO M, 1991. Gender at the crossroads of knowledge: feminist anthropology in the postmodern era[M]. Oakland: University of California Press.

DULL D, CANDACE W, 1991. Accounting for cosmetic surgery: the accomplishment of gender [J]. Social problems, 38(1): 54-70.

DURANTI A, CHARLES G, 1992. Rethinking context: language as an interactive phenomenon[M]. Cambridge: Cambridge University Press.

ECKERT P,1989. The whole women: sex and gender differences in variation [J]. Language variation and change(1): 245-268.

ECKERT P, 1990. Cooperative competition in adolescent "girl talk" [J]. Discourse processes(13):91-122.

ECKERT P, 2000. Linguistic variation as social practice [M]. Oxford: Blackwell.

ECKERT P, SALLY M G, 1992a. Communities of practice: where language, gender, and power all live[C]//HALL K, MARY B, BIRCH M. Locating power: proceedings of the second Berkeley women and language conference volume 1 & 2. UC Berkeley: Berkeley Women and Language Group.

ECKERT P, SALLY M-G,1992b. Think practically and look locally: language and gender as community-based practice[J]. Annual review of anthropology (21): 461-490.

ECKERT P, SALLY M-G, 1999. New generalizations and explanations in language and gender research[J]. Language in society(28): 185-201.

ECKERT P, 2000. Linguistic variation as social practice: the linguistic construction of identity in Belten High[M]. Oxford: Blackwell.

ECKERT P,2012. Three waves of variation study: the emergence of meaning in the study of sociolinguistic variation[J]. Annual review of anthropology(41): 87-100.

EGGINS S, RICK L,1997. Difference without diversity: semantic orientation and ideology in competing women's magazines [M]//RUTH W. Gender and discourse. New York: Sage.

江原由美子,1995a.「セクシュアル・ハラスメントの社会問題化」は何をしていることになるのか? ——性規範との関連で[M]//井上輝子,江原由美子,上野千鶴子.セクシュアリティ.東京:岩波書店.

江原由美子,1995b.性の商品化[M].東京:勁草書房.

江原由美子,好井裕明,山崎敬一,1984.性差別のエスノメソドロジ——対面的コミュニケーション状況における権力装置[J].現代社会学(18).

EHRLICH S,1990. Communities of practice, gender and the representation of sexual assault[J]. Language in society, 28(2): 239-271.

遠藤織枝,1987.気になる言葉——日本語再検討[M].東京:南雲堂.

遠藤織枝,1992.女性の呼び方大研究——ギャルからオバサンまで[M].東京:三省堂.

遠藤織枝,1994.若い女性のことば——論評で綴るその昭和史[J].日本語学,13(11):19-32.

遠藤織枝,1997.女のことばの文化史[M].東京:学陽書房.

遠藤織枝,1998.気になります、この「ことば」[M].東京:小学館.

FAIRCLOUGH N,1989. Language and power[M].New York: Longman.

FAIRCLOUGH N,1992a. Discourse and social change[M]. Cambridge: Polity Press.

FAIRCLOUGH N, 1992b. Critical language awareness [M]. New York: Longman.

FAIRCLOUGH N, 1995. Critical discourse analysis: the critical study of language[M]. New York: Longman.

FAIRCLOUGH N, RUTH W,1997. Critical discourse analysis[C]//VAN D. Discourse as social interaction. London: Sage

FINDERS M J,1996. Queens and teen zines: early adolescent females reading their way toward adulthood[J]. Anthropology & education, 27(1): 71-89.

FISHER J L,1958. Social influences on the choice of a linguistic variant[J].

Word(14)：47-56.

FISHMAN P, 1983. Interaction：the work women do[M]//THORNE B, KRAMARAE C, HENLEY N. Language, gender, and society. Cambridge：Newbury House Publishers.

FOUCAULT M, 1972. The archaeology of knowledge [M]. London：Tavistock.

FOUCAULT M, 1976. The history of sexuality：an introduction [M]. London：Penguin.

FOWLER R, 1991. Language in the news：discourse and ideology in the press [M]. London：Routledge.

FREED A, 1992. We understand prefectly：a critique of Tannen's view of cross-sex communication[C]//HALL K, MARY B, BIRCH M. Locating power：proceedings of the second Berkeley women and language conference. UC Berkeley：Berkeley Women and Language Group.

FREED A, 1996. Language and gender research in an experimental setting [M]//BERGVALL V L, JANET M B, ALICE F F. Rethinking language and gender research：theory and practice. London：Routledge.

藤田嘉代子, 1994.「男らしさ」のレトリック——スポーツ新聞に見る「男らしさ」[J]. 人文論叢(23)：1-17.

福田真弓, 1993.「主人」ということば——女からみた男の呼び方[M]. 東京：明石書店.

GAL S, 1978. Peasant men can't get wives：language change and sex roles in a bilingual community[J]. Language in society(7)：1-17.

GAL S, 1991. Between speech and silence：the problematics of research on language and gender[M]//DILEONARDO M. Gender at the crossroads of knowledge. Berkeley：University of California Press.

GAL S, JUDITH T I, 1995. The boundaries of languages and disciplines：how ideologies construct difference[J]. Social research, 62(4)：967-1001.

GARCIA A, 1998. The relevance of interactional and institutional contexts for the study of gender differences：a demonstrative case study[J]. Symbolic interaction, 21(1)：35-58.

GOFFMAN E, 1977. The arrangement between the sexes [J]. Theory &

society(4): 301-331.

GOODWIN M H, 1980. Directive-response speech sequences in girls' an boys' task activities [M]//SALLY M-G, RUTH B, NELLY F. Women and language in literature and society. New York: Praeger.

GOODWIN M H, 1990. He-Said-She-Said: talk as social organization among black children[M]. Bloomington: Indiana University Press.

GOODWIN M H, 1999. Constructing opposition within girls' games [M]// BYCHOLTZ M, LIANG A C, LAUREL S. Reinventing identities. Oxford: Oxford University Press.

GOUGH V, MARY T, 1996. "Guilt over games boys play": coherence as a focus for examining the constitution of heterosexual subjectivity on a problem page[C]//CALDAS-COULTHARD C R, MALCOLM C. Texts and practices: readings in critical discourse analysis. London: Routledge.

GRADDOL D, JOAN S, 1989. Gender voices[M]. Oxford: Blackwell.

GUMPERZ JOHN J, 1982. Language and social identity[M]. Camridge: Camridge University Press.

GÜNTHNER S, 1998. The construction of gendered discourse in Chinese-German interactions[C]//CHESHIRE J, PETER T. The sociolinguistics reader: gender and discourse(2). London: Routledge.

HALL KIRA, 1995. Lip service on the fantasy lines [M]//KIRA HALL, MARY B. Gender articulated: language and the socially constructed self. London: Routledge.

HALL K, MARY B, BIRCH M, 1992. Locating power: proceedings of the second Berkeley women and language conference [M]. UC Berkeley: Berkeley Women and Language Group.

HALL K, MARY B, 1995. Gender articulated: language and the society constructed self[M]. London: Routledge.

HALL K, VERONICA O'D, 1996. Shifting gender positions among hindi-speaking hijras[M]//BERGVALL V L, JANET M B, ALICE F F. Rethinking language and gender research: theory and practice. London: Routledge.

HALLIDAY H A K, 1985. An introduction to functional grammar [M]. London: Arnold.

HAMMERSLEY M, 1997. On the foundations of critical discourse analysis[J]. Language & communication, 17(3): 237-248.

HARVEY K, 1997. "Everybody loves a lover": gay men, straight men and a problem of lexical choice[C]//KEITH H, CELIA S. Language and desire: encoding sex, romance and intimacy. London: Routledge.

HARVEY K, CELIA S, 1997. Language and desire: encoding sex, romance and intimacy[M]. London: Routledge.

長谷川潔, 1976. 日本語から見た英語——その類似と異質[M]. 東京: サイマル出版会.

橋内武, 1999. ディスコース——談話の織りなす世界[M]. 東京: くろしお出版.

HAYASHI REIKO, 1995. Helping!?: images and control in Japanese women's magazines[J]. Women's studies in communication, 18(2): 189-198.

HAYASHI REIKO, 1997. Hierarchical interdependence expressed through conversational styles in Japanese women's magazines [J]. Discourse & society, 8(3): 359-389.

HENLEY N, CHERIS K, 1991. Gender, power and miscommunication[C]// COUPLAND N, HOWARD G, JOHN M W. "Miscommunication" and problematic talk. New York: Sage Publications.

HERRING S C, DEBORAH A J, TAMRA D E, 1992. Participation in electronic discourse in a "feminist" field[C]//KIRA H, MARY B, BIRCH M. Locating power: proceedings of the second Berkeley women and language conference. UC Berkeley: Berkeley Women and Language Group.

HERRING S C, DEBORAH A J, TAMRA D, 1995. "This discussion is going too far!": male resistance to female participation on the Internet[M]//KIRA H, MARY B. Gender articulated: language and the socially constructed self. London: Routledge.

HOCHSCHILD A R, 1990. Gender codes in women's advice books[M]// STEPHEN R. Beyond Goffman: studies on communication, institution and social interaction. Berlin: Mouton de Gruyter.

HODGE R, GUNTHER KRESS, 1988. Social semiotics[M]. Oxford: Polity/ Blackwell.

HOEY MICHAEL,1997. The organisation of narratives of desire：a study of first-person erotic fantasies［M］//KEITH H，CELIA S. Language and desire：encoding sex，romance and intimacy. London：Routledge.

HOLLWAY WENDY,1981. "I just wanted to kill a women" why? the ripper and male sexuality[J]. Feminist review(9)：33-40.

HOLLWAY W,1984. Gender difference and the production of subjectivity ［M］//JULIAN H，WENDY H，CATHY U,et al. Changing the subject：psychology，social regulation，and subjectivity. London：Methuen.

HOLMES J,1984. Hedging your bets and sitting on the fence：some evidence for hedges as support structures[J]. Te reo(27)：47-62.

HOLMES J,1995. Women，men and politeness[M]. New York：Longman.

HOLMES J,1997. Story-telling in New Zealand women's and men's talk[M]// RUTH W. Gender and discourse. CA：Sage.

HOLMES J, MIRIAM M, 1999. The community of practice：theories and methodologies in language and gender research[J]. Language in society(28)：173-183.

HOLMES J,2014. Language and gender in the workplace[M]//SUSAN E，MIRIAM M，JANET H. The handbook of language，gender，and sexuality. 2th ed. Oxford：Wiley-Blackwell：433-451.

HOLMQUIST J,1985. Social correlates of a linguistic variable：a study in a Spanish village[J]. Language in society(14)：191-203.

堀井令以知,1990. 女の言葉[M]. 東京：明治書院.

堀井令以知,1992. はたらく女性の言葉[M]. 東京：明治書院.

堀井令以知,1993. 女性語の成立[J]. 日本語学,5(12)：100-108.

HUGHES L A,1988. "But that's not really mean"：competing in a cooperative mode[J]. Sex roles, 19(11)：669-687.

井出祥子,1993. 日本語学——世界の女性語・日本の女性語[M]. 東京：明治書院.

IDE SACHIKO, MOTOKO HORI, AKIKO KAWASAKI, et al. ,1986 Sex difference and politeness in Japanese ［J］. International journal of the sociology of language(58)：25-36.

IDE SACHIKO, NAOMI HANAOKA MCGLOIN,1990. Aspects of Japanese women's language[M]. Tokyo：Kuroshio.

INOUE MIYAKO,1994. Gender and linguistic modernization：historicizing Japanese women's language[M]//BUCHOLTZ MARY，LIANG A C，LAUREL A S，et al. Cultural performances：proceedings of the third Berkeley women and language conference. UC Berkeley：Berkeley Women and Language Group.

INOUE MIYAKO,2006. Vicarious language：gender and linguistic modernity in Japan[M]. Berkeley：University of California Press.

井上俊，上野千鶴子，大澤真幸，等，1995. 現代社会学 11　ジェンダーの社会学[M]. 東京：岩波書店.

井上俊，上野千鶴子，大澤真幸，等，1996. 現代社会学 10　セクシュアリティの社会学[M]. 東京：岩波書店.

井上輝子，女性雑誌研究会，1989. 女性雑誌を解読する[M]. 東京：垣内出版.

井上輝子，上野千鶴子，江原由美子，1995. 日本のフェミニズム6　セクシュアリティ[M]. 東京：岩波書店.

伊藤公雄，1993. ＜男らしさ＞のゆくえ——男性文化の文化社会学[M]. 東京：新曜社.

JAMES D，SANDRA C,1993. Women，men，and interruptions：a critical review[M]//TANNEN D. Gender and Conversational Interaction. Oxford：Oxford University Press.

JAMES D,1996. Women，men and prestige speech forms：a critical review[M]//BERGVALL V L，JANET M B，ALICE F F. Rethinking language and gender research：theory and practice. London：Routledge.

JAWORSKI A，NIKOLAS C,1999. The discourse reader [M]. London：Rouledge.

JOHNSON S,ULRIKE H M,1997. Language and masculinity[M]. Oxford：Blackwell.

寿岳章子，1979. 日本語と女[M]. 東京：岩波新書.

掛札悠子，1995.「レズビアン」とはだれか[M]//井上輝子，上野千鶴子，江原由美子. 日本のフェミニズム6　セクシュアリティ. 東京：岩波書店.

かながわ女性センター，1997. かながわ女性ジャーナル15：メディアと女性の人権[M]. [出版地不詳]：[出版者不詳].

金丸芙美，1993. 人称代名詞・呼称[J]. 日本語学，12(5)：109-119.

加藤秀一,1998. 性現象論——差異とセクシュアリティーの社会学[M]. 東京：勁草書房.

KIESLING S F,1997. Power and the language of men[M]//JOHNSON S, ULRIKE H M. Language and masculinity. Oxford：Blackwell.

KITAGAWA C,1997. A source of femininity in Japanese：in defense of Robin Lakoff's Language and Woman's Place[J]. Papers in linguistics,10(3)：275-298.

小林美恵子,1993. 世代と女性語——若い世代のことばの「中性化」について[J]. 日本語学,12(5)：181-192.

ことばと女を考える会,1985. 国語辞典に見る女性差別[M]. 東京：三一書房.

小谷野敦,1997. 男であることの困難——恋愛・日本・ジェンダー[M]. 東京：新曜社.

KRAMER C. 1975. Women's speech：separate but unequal? [M]//THORNE B, HENLEY N. Language and sex：difference and dominance. New York：Newbury House Publishers.

KRESS G, THEO V L,1996. Reading images：the grammar of visual design[M]. London：Routledge.

KUIPER K,1991. Sporting formulae in New Zealand English：two models of male solidarity[M]//JENNY C. English around the world：sociolinguistics perspective. Cambridge：Cambridge University Press.

LABOV W,1966. Hypercorrection by the lower middle class as a factor in linguistic change[M]//WILLIAM B. Sociolinguistics. Mouton：The Hague.

LABOV W,1972a. Sociolinguistic patterns[M]. Philadelphia：University of Pennsylvania.

LABOV W,1972b. Rules for ritual insults[M]//KOCHMAN T. Rappin' and Stylin' out. Chicago：University of Illinois Press.

LADEGAARD H J,2011. "Doing power" at work：responding to male and female management styles in a global business corporation[J]. Journal of pragmatics(43)：4-19.

LAKOFF G, MARK J,1980. Metaphors we live by[M]. Chicago：University of Chicago Press.

LAKOFF R,1975. Language and woman's place[M]. New York：Harper

& Row.

LEAP W,1990. Language, socialization, and silence in gay adolescence[M]// BYCHOLTZ M, LIANG A C, LAUREL S. Reinventing identities. Oxford: Oxford University Press.

LEE D. 1992. Competing discourse: perspective and ideology in language[M]. New York: Longman.

LEVIN W L, CROCKETT H J,1966. Speech variation in a Piedmont community: postvocalic(r)[M]//STANLEY L. Explorations in sociolinguistics. Mouton: The Hague.

LIANG A C,1999. Conversationally implicating lesbian and gay identity[M]// BYCHOLTZ M, LIANG A C, LAUREL S. Reinventing identities. Oxford: Oxford University Press.

LIPPI-GREEN R, 1997. English with an accent: language, ideology and discrimination in the United States[M]. London: Routledge.

LIVIA A,1997. Disloyal to masculinity: linguistic gender and liminal identity in French[M]//LIVIA A, HALL K. Queerly phrased: language, gender and sexuality. Oxford: Oxford University Press.

LIVIA A, HALL K,1997. Queerly phrased: language, gender and sexuality [M]. Oxford: Oxford University Press.

LUCY J,1993. Reflexive language: reported speech and metapragmatics[M]. Cambridge: Cambridge University Press.

MALTZ D, RUTH B,1982. A cultural approach to male-female miscommunication [M]//GUMPERZ JOHN J. Language and social identity. Camridge: Camridge University Press.

MACAULEY R K S, 1977. Language, social class and education [M]. London: Edinburgh University Press.

丸谷才一,1974.日本語のために[M].東京:新潮社.

MATSUMOTO YOSHIKO, 1988. Reexamination of the university of face: politeness phenomena in Japanese[J]. Journal of pragmatics(12): 403-426.

MAYNARD M, 1995. Interpretation and identification of gendered selves: analyzing gender-specific addressivity in Japanese advertising text [J]. Language & communication,15(2): 149-163.

MAYNARD S, 1997. Japanese communication: language and thought in context[M]. Honolulu: University of Hawaii Press.

MCCONNELL-GINET S, RUTH B, NELLY F, 1980. Women and language in literature and society. New York: Praeger.

MCROBBIE A, 1982. An ideology of adoloscent femininity[M]//BERNARD WAITES, TONY B, GRAHAM M. Popolar culture: past and present. London: Croom Helm with Open University Press.

メディアの中の性差別を考える会, 1991a. メディアに描かれる女性像——新聞をめぐって[M]. 東京: 桂書房.

メディアの中の性差別を考える会, 1991b. メディアに描かれる女性像——新聞をめぐって、増補・反響編付[M]. 東京: 桂書房.

MILLS SARA, 1994. Gendering the reader [M]. London: Harvester Wheatsheaf.

MILLS SARA, 1995. Language and gender: interdisciplinary perspectives[M]. New York: Longman.

MILLS S, CHRISTINE A W, 1997. Discursive categories and desire: feminists negotiating relationships[M]//KEITH H, CELIA S. Language and desire: encoding sex, romance and intimacy. London: Routledge.

MILROY J, LESLEY M, 1985. Authority in language: investigating language prescription and standardization[M]. 2th ed. London: Routledge.

MILROY L, 1980. Language and social networks[M]. Oxford: Blackwell.

森野宗明, 1991. 女性語の歴史[M]//辻村敏樹. 講座日本語と日本語教育 10 巻. 東京: 明治書院.

諸橋泰樹, 1993. 雑誌文化の中の女性学[M]. 東京: 明石書店.

MULAC A, LUNDELL T L, 1986. Linguistic contributions to the gender-linked language effect[J]. Journal of language and social psychology(5): 85-102.

村松泰子, ヒラリア・ゴスマン, 1998. メディアが作るジェンダー——日独の男女・家族像を読みとく[M]. 東京: 新曜社.

中村桃子, 1990a. 訳者解説/フェミニストの言語研究——英語と日本語の場合[M]//カメロン. フェミニズムと言語理論. 東京: 勁草書房.

中村桃子, 1990b. 女の言語使用解体——社会言語学における性差研究から

　　［J］.自然・人間・社会(11)：45-123.

中村桃子,1991a.言語使用における性差とは何か［J］.自然・人間・社会(12)：
　　23-55.

中村桃子,1991b.イメージとしての性——言語と性差研究から［J］.記号学研
　　究(11)：135-146.

中村桃子,1991c. Language myths in language and sex studies［J］.経済系
　　(169)：45-57.

中村桃子.1992. Linguistic gender differences as metalinguistic differences［J］.
　　経済系(170)：39-55.

中村桃子,1993.フェミニズムと言語研究［J］.日本語学,5(増刊号)：235-243.

中村桃子,1995a.ことばとフェミニズム［M］.東京：勁草書房.

中村桃子,1995b.ことばと差別［J］.自然・人間・社会(18)：67-98.

中村桃子,1996a.言語規範としての「女ことば」［J］.自然・人間・社会(20)：
　　33-60.

中村桃子,1996b.ディスコースと言語差別——性差別のイデオロギー機構
　　［J］.記号学研究(16)：181-190.

中村桃子,1996c.隠された性・男という性——「沖縄少女暴行事件」という表
　　現をめぐって［J］.自然・人間・社会(21)：59-72.

中村桃子,1997.言語とジェンダー研究三つのモデル［J］.自然・人間・社会
　　(23)：1-50.

中村桃子,1998a.ジェンダーと標準形/非標準形の使用［J］.自然・人間・社会
　　(24)：49-83.

中村桃子,1998b.「ことば」の力［M］//東京女性財団.「ことば」に見る女性.東
　　京：クレヨンハウス.

中村桃子,1998c.ことばと差別に関する議論に見られる言語観［J］.自然・人
　　間・社会(25)：1-35.

中村桃子,1999a.おとぎ話に組み込まれた家父長―明治期「シンデレラ」のテ
　　クスト分析から―［J］.自然・人間・社会(26)：1-38.

中村桃子,1999b.欲望の構築——ティーン雑誌に見る読者の消費者化［J］.自
　　然・人間・社会(27)：1-21.

中村桃子,2007.「女ことば」はつくられる［M］.東京：ひつじ書房.

NAKAMURA MOMOKO, 2014. Gender, language and ideology：the

genealogy of Japanese women's language[M]. Amsterdam：John Benjamins.

田中ゆかり,2011.「方言コスプレ」の時代——ニセ関西弁から龍馬語まで[M].東京：岩波書店.

NICHOLS P C,1983. Linguistic options and choices for Black women in the rural South[M]//BARRIE THORNE,et al. Language, gender and society. New York：Longman Higher Education.

丹羽一彌,1994.女子中学生の日常使用語[J].日本語学,13(10):63-71.

野元菊雄,1987.敬語を使いこなす[M].東京：講談社.

O'BARR W M, BOWMAN K A,1980. "Women's language" or "powerless language"? [M]//MCCONNELL-GINET S, RUTH B,NELLY F. Women and language in literature and society. New York：Praeger.

OCHS E, 1992. Indexing gender [M]//ALESSANDRO D, CHARLES G. Rethinking context. Cambridge：Cambridge University Press.

OCHS E, CAROLY T,1995. The "father knows best" dynamic in dinnertime narratives[M]//KIRA H, MARY B. Gender Articulated：language and the socially constructed self. London：Routledge.

OGAWA NAOKO, JANET S S,1997. The gendering of the gay male sex class in Japan：a case study based on Rasen No Sobyo[M]//LIVIA A,HALL K. Queerly phrased. Oxford：Oxford University Press.

大原由美子,1933.「女ことば」のピッチ[J].日本語学,12(5):141-147.

OKAMOTO SHIGEKO, SHIE SATO,1992. Less feminine speech among young Japanese females [C]//HALL K, MARY B, BIRCH M. Locating power：proceedings of the second Berkeley women and language conference. UC Berkeley：Berkeley Women and Language Group.

OKAMOTO SHIGEKO,1995. "Tasteless" Japanese：less "feminine" speech among young Japanese women [M]//KIRA H, MARY B. Gender Articulated：language and the socially constructed self. London：Routledge.

OLSSON S, ROBYN W,2004. The women and the boys：patterns of identification and differentiation in senior women executives' representations of career identity[J]. Women in management review,19 (5)：244-251.

尾崎喜光,1997.女性専用の文末形式のいま[M]//現代日本語研究会.女性のことば　職場編.東京：ひつじ書房.

PILKINGTON J,1998. "Don't try to make out that I'm nice!": the different strategies women and men use when gossiping [M]//JENNIFER C. Language and gender: a reader. Oxford: Blackwell.

RAMPTON B,1995. Crossing: language and ethnicity among adolescents[M]. New York: Longman.

REYNOLDS K A, 1990. Female speakers of Japanese in transition [M]// SACHIKO IDEO, NAOMI M. Aspects of Japanese women's language. Tokyo: Kuroshio.

れいのるず＝秋葉かつえ,1993. おんなと日本語[M]. 東京:有信堂.

RICH A,1986. Blood, bread and poetry[M]. New York: W. W. Norton & Co Inc.

RIDGEWAY C L,1997. Interaction and the conservation of gender inequality: considering employment[J]. American sociological review,(62): 218-235.

ROMAINE S, 1978. Postvocalic /r/ in Scottish English: sound change in progress? [M]//PETER T. Sociolinguistic patterns in British English. London: Edward Arnold.

ROMAN C, SUZANNE J, CRISTANNE M,1994. The Women and language debate: a sourcebook[M]. New Brunswick: Rutgers University Press.

佐久間まゆ,杉戸清樹,半澤幹一,1997. 文章・談話のしくみ[M]. 東京:おうふう.

佐々木瑞枝,1999. 女の日本語・男の日本語[M]. 東京:筑摩書房.

SATTEL J,1983. Men, inexpressiveness and power[M]//BARRIE T, CHERIS K, NANCY H. Language, gender and society. New York: Longman Higher Education.

SCHEGLOFF E,1997. Whose text? whose context? [J]. Discourse & society (8): 165-187.

SCHIEFFELIN B B, KATHRYN A W, PAUL V K, 1998. Language ideologies: practice and theory[M]. Oxford: Oxford University Press.

SEGAL L,1990. Slow Motion: changing masculinities, changing men[M]. London: Virago.

SHALOM C,1997. That great supermarket of desire: attributes of the desired other in personal advertisements[M]//KEITH H, CELIA S. Language and desire: encoding sex, romance and intimacy. London: Routledge.

SHELDON A, DIANE J, 1998. Preschool negotiators: linguistic differences in how girls and boys regulate the expression of dissent in same-sex groups [C]//CHESHIRE J, PETER T. The sociolinguistics reader: gender and discourse. London: Routledge.

SHUY R, WALT W, RILEY W K, 1967. Linguistic correlates of social stratification in detroit speech [M]. Washington D. C. : UC Office of Education.

SILVERSEIN M, 1976. Shifters, linguistic categories, and cultural description [M]//BASSO K, SELBY H. Meaning in anthropology. Albuquerque: University of New Mexico Press.

SILVERSEIN M, 1979. Language structure and linguistic ideology [M]// PAUL R C, WILLIAM H, CAROL L H. The elements. Chicago: Chicago Linguistic Society.

SKOV L, BRIAN M, 1995. Women, media and consumption in Japan [M]. Honolulu: University of Hawaii Press.

SMITH J S, 1992. Women in charge: politeness and directives in the speech of Japanese women[J]. Language in society(21): 59-82.

SMITH P M, 1987. Language, the sexes and society[M]. Oxford: Blackwell.

SPENDER D, 1980. Man made language[M]. London: Routledge & Kegan Paul.

STAMOU A G, 2014. A literature review on the mediation of sociolinguistic style in television and cinematic fiction: sustaining the ideology of authenticity [J]. Language and literature, 23(2): 118-140.

STUBBS M, 1997. Whorf's children: critical comments on critical discourse analysis [M]//ANN T, ALISON W. Evolving models of language. Clevedon: British Association for Applied Linguistics/Multilingual Matters.

杉本つとむ, 1985. 江戸の女ことば——あそばせとアリンスと[M]. 東京: 創拓社.

須長史正, 1999. ハゲを生きる——外見と男らしさの社会学[M]. 東京: 勁草書房.

SWANN J, 1988. Talk control: an illustration from the classroom of problems in analysing male dominance of conversation[M]//COATES J, CAMERON

D. Women in their speech communities: new perspectives on language and sex. New York: Longman.

高崎みどり,1993. 女性のことばと階層[J]. 日本語学,12(5):169-180.

TALBOT M M,1992. The construction of gender in a teenage magazine[M]// FAIRCLOUGH N. Critical language awareness. New York: Longman.

TALBOT M M,1997a. "Randy fish boss branded a stinker": coherence and the construction of masculinities in a British tabloid newspaper[M]// JOHNSON S, ULRIKE H M. Language and masculinity. Oxford: Blackwell.

TALBOT M M,1997b. An explosion deep inside her: women's desire and popular romance fiction[M]//KEITH H, CELIA S. Language and desire: encoding sex, romance and intimacy. London: Routledge.

TALBOT M M,1998. Language and gender: an introduction[M]. Cambridge: Polity Press.

田中和子,諸橋泰樹,1996. ジェンダーから見た新聞のうら・おもて——新聞女性学入門[M]. 東京:現代書館.

TANAKA KEIKO, 1994. Advertizing language: a pragmatic approach to advertisements in Britain and Japan[M]. London: Routledge.

TANNEN D,1990. You just don't understand: women and men in conversation[M]. New York. : William Morrow.

TANNEN D,1992. Response to Senta Tromel-Plotz's "Selling the Apolitical" [J]. Discourse and society, 3(2): 249-254.

TANNEN D, 1993. Framing in discourse[M]. Oxford: Oxford University Press.

TANNEN D, 1993. Gender and conversational interaction[M]. Oxford: Oxford University Press.

TANNEN D,1994. Gender and discourse[M]. Oxford: Oxford University Press.

TATER M,1987. The hard facts of the Grimms' fairy tales[M]. Princeton: Princeton University Press.

THOMAS B, 1988. Differences of sex and sects: linguistic variation and social networks in a Welsh mining village[M]//COATES J, CAMERON D. Women in their speech communities: new perspectives on language and sex. New York:

Longman.

THORNBORROW J,1994. The woman, the man and the Filofax: gender positions in advertising [M]//MILLS S. Gendering the reader. London: Harvester Wheatsheaf.

THORNE B, NANCY H,1975. Language and sex: difference and dominance [M]. New York: Newbury House.

THORNE B, NANCY H,1975. Difference and dominance: an overview of language, gender, and society [M]//THORNE B, NANCY H. Language and sex: difference and dominance. New York: Newbury House.

THORNE B, CHERIS K, NANCY H,1983. Language, gender, and society[M]. New York: Newbury House.

東京女性財団,1998.「ことば」に見る女性[M]. 東京:クレヨンハウス.

外山滋比古,1976. 日本語の個性[M]. 東京:中公新書.

TROEMEL-PLOETZ S,1991. Review essay: selling the apolitical[J]. Discourse and society, 2(4): 489-502.

TRUDGILL P,1974. The social differentiation of English in Norwich[M]. Cambridge: Cambridge University Press.

TRUDGILL P,1975. Sex, covert prestige and linguistic change in the urban British English of Norwich[M]//THORNE BARRIE, NANCY HENLEY. Language and sex: difference and dominance. New York: Newbury House.

UCHIDA AKI, 1992. When "difference" is "dominance": a critique of the "antipower-based" cultural approach to sex differences[J]. Language in society(21): 547-568.

上野千鶴子,1995a. 差異の政治学[M]//井上俊. 現代社会学11 ジェンダーの社会学. 東京:岩波書店.

上野千鶴子,1995b.「セクシュアリティの近代文学」を越えて[M]//井上輝子,上野千鶴子,江原由美子. 日本のフェミニズム6 セクシュアリティ. 東京:岩波書店.

上野千鶴子,1995c. セクシュアリティの社会学・序説[M]//井上輝子,上野千鶴子,江原由美子. 日本のフェミニズム6 セクシュアリティ. 東京:岩波書店.

上野千鶴子,メディアの中の性差別を考える会,1996. きっと変えられる性差別語——私たちのガイドライン[M].東京:三省堂.

VALENTINE JAMES,1997. Pots and pans: identification of queer Japanese in terms of discrimination [M]//A LIVIA, K HALL. Queerly phrased: language, gender and sexuality. Oxford: Oxford University Press.

VAN D, TEUN A,1997. Discourse as social interaction[C]//VAN D, TEUN A. Discourse studies: a multidisciplinary introduction volume 2. New York: Sage.

渡辺恒夫,1986.脱男性の時代——アンドロジナスをめざす文明学[M].東京:勁草書房.

WEEDON C. 1997. Feminist practice and poststructuralist theory[M]. 2th ed. Oxford: Blackwell.

WEEKS J,1986. Sexuality[M]. London: Routledge.

WEST C,1984. Routine complications: troubles with talk between doctors and patients[M]. Bloomington: Indiana University Press.

WEST C, DON Z,1983. Small insults: a study of interruptions in cross-sex conversations between unacquainted person [M]//THORNE B, K C, HENLEY N. Language, gender, and society. Cambridge: Newbury House Publishers.

WEST C, DON Z,1987. Doing gender[J]. Gender and society,1(2): 125-151.

WODAK R,1997. Gender and discourse[M]. New York: Sage.

WOOD K, 1999. Coherent identities amid heterosexist ideologies: deaf and hearing lesbian coming-out stories [M]//BYCHOLTZ M, LIANG A C, LAUREL S. Reinventing identities. Oxford: Oxford University Press.

WOODS N, 1988. Talking shop: sex and status as determinants of floor apportionment in a work setting[M]//COATES J, CAMERON D. Women in their speech communities: new perspectives on language and sex. New York: Longman.

WOOLARD H, 1998. Introduction: language ideology as a field of inquiry [M]//BAMBI B S, KATHRYN A W P, KROSKRITY P V. Language ideologies: practice and theory. Oxford: Oxford University Press.

山崎敬一,江原由美子,1993.沈黙と行為——規範と慣行的行為[J].ソシオロゴス(17):57-78.

山崎敬一,1994.美貌の陥穽——セクシュアリティーのエスノメソドロジー［M］.東京:ハーベスト社.

米川明彦.1994.若者語の世界(3・4回)——若者語の造語法(上・下)［M］//国語学.東京:武蔵野書院.

好井裕明,山田富秋,西阪仰,1999.会話分析への招待［M］.東京:世界思想社.

吉本隆明,1968.共同幻想論［M］.東京:河出書房新社.

吉岡泰夫,1994.若い女性の言語行動［J］.日本語学,13(11):33-44.

吉田正人,1990.学校における先生・子供の呼称［J］.言語生活(7).

湯川純幸,1995.言語によるコンテクストの構築——エリノア・オックスの談話研究をてびきとして［J］.富山大学人文学部紀要,(23):1-31.

湯川純幸,1998.ことばとジェンダーと権力の関わりに迫る——言語とジェンダー研究の到達点［J］.女性学(6):135-160.

ZHANG QING,2005. A Chinese yuppie in Beijing: phonological variation and the construction of a new professional identity［J］. Language in society(34): 431-466.

ZIMMERMAN D,1998. Identity, context and interaction［M］//ANTAKI C, SUE W. Identities in talk. New York: Sage.

ZIMMERMAN D, CANDACE W,1975. Sex roles, interruptions and silences in conversation［M］//THORNE B, NANCY H. Language and sex: difference and dominance. New York: Newbury House.

ZIPES J,1983. Fairy tales and the art of subversion: the classical genre for children and the process of civilization［M］. London: Routledge.

索　引

续　表

续　表

沉默 13-16，29，30，35，36，41，67，70，78-80，107	沈黙 24-27，29，54，55，64，66，74，126，131，146，147，149
礼貌表达 33	ていねい表現 60，61
话语 6，28-31，33，35，37，38，47，49-58，60-72，80，82，83，84，88-95，97，98，101-105，110-123	ディスコース（discourse）6，51-53，86，86-106，113-117，122-124，126-134，156-158，160，166，170，172，175，178-180，185，187，191，193，204，205，212，213，215，217，218，220
话语实践 51-55，57，58，60-65，67，69，70，80，103，104，110，111，115，117-120，122，123	—実践 94-101，104-107，110-116，120，121，124-126，128，129，149，190，201-204，209，210，213，214，216-218，220，222
话语秩序 52-55，60	—秩序 95-97，99，102，111
话语类型 53，54	—タイプ 97-99
文本 3，28，55，57，68，83，85，86，88-91，104	テクスト（text）4，51，100，104，105，156，158，161，162，164，165，168
文本社区 87，88	テクスト・コミュニティー（text population）161，162，166
（综合型）人格化 87，88，90，94	（統合的）人格化（personalization）162，166，174
同性恋 51，52，65，66，68，76-78，99-104，109	同性愛（homosexuality）94，120，123，127，141，143，144，181-187，190
同性恋身份 100，101	—アイデンティティー 182，185，187
na 行	**ナ行**
二元对立 5，6，22，25，38，47-49，59，60，62-67，71，88，98，99，100，108，109	二項対立（ジェンダー）9，10，40，46，69，87-89，110，112，115，118，119，121，123-125，132，163，181，198-200
双重标准 21，65，121	二重基準（double standard）38，39，121，219

后　记

　　本书的楔子是刊登在语言学专刊上的一篇论文。在该论文中,作者将这个领域命名为"女权主义语言学",并批判认为这是将男女的所有语言行为还原为支配关系的领域。该论文也提到我之前的拙著《语言与女权主义》,我想导致这种误解我也有难以推卸的责任。在莱考夫之后,没有对这个领域进行整理并用日语介绍的著作,这可能也是产生这种误解的原因之一。

　　因此,我抱着回顾"语言性别研究"的研究史、整理研究的理论背景、介绍研究的最新发展这个"贪婪"的目标开始了本书的撰写。

　　整体而言,我认为已经实现了当初的目标,只有一点没法顾及——因为将本书的重点放在了迄今为止鲜有介绍的本领域的理论与现今的框架上,因此对话语分析时的一些必要概念(特别是日语)无法论述。但是,第三章的末尾所列举的著作等有关日语话语分析的好书很多,如能阅读这些著作势必能窥知一二。如果各位读者对本书内容有什么意见和建议,也请不吝指正。

　　"性别"并非赋予我们的本质,而是我们通过相互关联建构的。这个观点显示,"语言与性别研究"必须采纳女权主义理论等各种领域的真知灼见。同时,人们也期待通过使用语言的行为分析性别建构的"语言与性别研究"能对女权主义理论有所贡献。今后的"语言与性别研究"将跨越既有的语言研究框架,积极采纳使用语言行为的历史文化意义,以及与支配关系之间的关联而发展壮大吧。

　　敬爱的昭和女子大学教授池上嘉彦先生在百忙中通读拙稿,并提出了细致周到的建议。先生总是爽快应允通读在下拙文,并提出贴切的意见和建议,再也没有比这更令人感到安心和鼓舞的事了。

　　富山大学的汤川纯幸老师对本书第五章的初稿提出了宝贵的意见。特别在听到"过难,读不下去"的意见后,笔者对第五章进行了大幅修改。

　　劲草书房的责任编辑伊藤真由美女士对我进行了长达 4 个小时的文章写作指导。她化解"生硬"表达的工作,对我帮助甚大。

　　此外,承蒙主妇与生活社的慨允,本书得以被杂志 JUNON 转载。

孩子们明快健康的笑脸也给了我极大的力量。像我这种没有特殊能力的人能游走于家庭与工作之间，这有赖于同事们的理解，以及父母亲对我的全力支持与帮助。

我要把此书献给我的挚友——佳代。从大学时代起，我与佳代就共同经历了各种事情。在本书第五章中作为"连对上司都不用敬语的朋友"出场的佳代，首次与使用敬语的人走到了一起，真幸福啊。然而，仅仅半年她就病倒了，之后就是漫长的与病魔抗争的生活。现在想来，我都没有明白多大程度上分享了佳代的"想法"和"语言"就不得不与她真正告别。佳代，谢谢你一直愿意与我这种不值得结交的人做朋友。

最后，本书还获得关东学院大学 1999 年度后期国内研究许可，受到关东学院大学及关东学院大学经济学部的经费资助。

中村桃子

2000 年 11 月

译后记

译者自攻读硕士学位时起，就对"语言与性别研究（language and gender studies）"产生了浓厚的兴趣。也就是在硕士阶段，开始知道中村桃子先生其人，并拜读了先生撰写的几本专著。在日读博期间，因希望参加中村桃子先生的读书会，而冒昧发送邮件。对于后生小辈的冒昧，先生非但未曾怪罪和无视，反而热情回复了邮件。只是由于各种原因，无缘参加先生的读书会，也未能当面拜会先生，聆听教诲，甚感遗憾。撰写博士论文期间，无数次翻阅先生著作，当时就萌生了将先生著作译成中文的想法，无奈苦于无暇分身，故不了了之。

博士毕业回国后，教学和行政两头兼顾，耗费了不少时间和精力，但翻译中村桃子先生著作的念头一直没有断过。2016 年 4 月初，再次冒昧给中村先生发邮件询问是否可以翻译她的著作，没想到当天就得到先生慨允，令我倍感鼓舞。得到先生慨允后，我马上一边联系出版社，一边动手试译部分章节。直到 2017 年 5 月中下旬，才得到出版社的确切回复并签订了出版合同，前前后后历时一年有余。期间曾一度以为此事就此泡汤，好在虽然过程曲折，但结局美好。

在本译著即将付梓出版之际，我要感谢浙江工商大学出版社的姚媛女士，是她为我创造了翻译本书的机会，版权的转让、合同的签订、译著的审校、版式的确定等无不凝聚了她的心血和付出。感谢浙江师范大学外国语学院的兰良平博士，他在本书的术语翻译方面给了我无私的帮助和中肯的建议。感谢浙江师范大学日语系外教滨田亮辅先生，每当我翻译遇到困难，总能及时得到他的热情帮助和指导。感谢我的研究生鲁燕青和郑燕燕，她们在繁忙的学习之余认真校对了我的译稿、初稿，指出了译稿的疏漏并提出了宝贵的修改意见，郑燕燕同学更是帮我完成了本书参考文献的录入工作。感谢浙江省"钱江人才计划"C 类项目、浙江省哲社规划课题、浙江师范大学博士科研启动经费项目、浙江师范大学外国语学院对本书的出版提供的经费支持。

我要感谢我的爱人周军强先生，他从不阻止或打压我任何幼稚可笑的想法，也从不责备我因忙于工作而对家人疏于照料，感谢爱人的默默支持和温暖鼓励。

感谢我的父母,他们为我分担了大部分家务,使我得以安心工作。我要感谢我的长子,他的童言稚语和懂事明理给了我无尽的欢乐和力量。同时我也要感谢尚在襁褓中的幼子,没有他的"给力"和"体贴",我不可能在孕期和产后顺利完成本书的翻译工作。

最后,限于译者的学术水平和翻译水准,不当和错误之处在所难免,恳请读者批评指正。

徐微洁

2017 年 6 月

浙江师范大学日韩语言文化研究中心

简　介

作者简介

　　中村桃子，1955 年生于日本东京，1978 年毕业于日本青山学院大学文学部，1981 年日本上智大学外国语学研究科博士课程前期毕业。1987 年任日本关东学院大学讲师，1992—1994 年任加拿大不列颠哥伦比亚州立大学客座研究员，1997 年起任关东学院大学教授，2010 年获御茶水女子大学博士学位，2013—2015 年任美国夏威夷州立大学客座研究员。

　　出版著作 11 部，其中专著有《婚姻改姓夫妇同姓的陷阱》、《语言与性别》、《语言与女权主义》、《被创造出的"女性用语"》（获第 27 届山川菊荣奖）、《"性"与日语——语言所创造的女性与男性》、《女性用语与日语》、《翻译创造的日语——女主人公继续使用"女性用语"》、《性别、语言与意识形态：日本女性用语系谱》（*Gender, Language and Ideology ：A Genealogy of Japanese Women's Language*），编著有《通过性别学习语言学》，译著有《女权主义与语言理论》和《语言与性取向》；发表学术论文 30 余篇。

译者简介

　　徐微洁，浙江省青田县人，1998 年杭州大学（今浙江大学）日语专业本科毕业，2004 年浙江大学亚欧系日语语言文学专业硕士毕业，2014 年日本筑波大学文艺与语言专业应用语言学方向博士毕业。现为浙江师范大学日语系教师、副教授、硕士生导师，日韩语言文化研究中心主任。研究方向为语言与性别、日语语言学、汉日语言文化对比，曾在《外语研究》《日语学习与研究》等杂志发表多篇学术论文，主持、参与多项浙江省哲学社会科学规划课题。